한자의 깨알 재미

손유미 지음

한자의 깨알 재미
©손유미, 2025

초판 1쇄 인쇄 2025년 10월 17일 | 초판 1쇄 발행 2025년 10월 31일
글 손유미
기획실 정진우 정재우
편집 정혜연 | 디자인 권순영
마케팅 홍보 고다희 | 디지털콘텐츠 구지영
제작관리 윤준수 고은정 이원희

펴낸곳 파랑새 | 펴낸이 정중모
출판등록 1988년 1월 21일(제406-2000-000202호)
주소 경기도 파주시 회동길 152
전화 031-955-0670 | 팩스 031-955-0661
홈페이지 www.yolimwon.com
인스타그램 @bluebird_publisher | 이메일 bbchild@yolimwon.com

ISBN 978-89-6155-588-3 03700

*저작자와 출판사의 허락 없이 이 책의 일부 또는 전체를 인용하거나 발췌하는 것을 금합니다.

한자의
깨알 재미

손유미 지음

파랑새

| 작가의 말 |

"이 말이, 이런 한자 뜻을 품고 있었어?"

 무릎을 치는 순간이 참 많았습니다.
 살면서 수없이 주고받는 말들, 너무 익숙해서 아무렇지도 않게 쓰지만, 그 속에는 참 많은 이야기와 의미가 담겨 있습니다.
 저는 중국어를 전공했지만, 육아와 일상의 흐름 속에서 그 배운 것을 오래 붙잡고 있진 못했습니다. 그러다 다시 처음으로 돌아간다는 마음으로 공부를 하게 되었고, 감사하게도 누군가를 가르칠 기회가 생기면서 중국어 속 한자를 하나하나 다시 들여다보게 되었습니다. 그때부터였습니다. 중국어보다 한자가, 그리고 한자보다도 우리말 속에 살아 있는 한자어들이 제 마음을 더욱 강하게 사로잡기 시작한 것은 말이죠.
 말뜻을 알게 되었을 때의 짜릿함, "아하! 이래서 이런 뜻을 품고 있었구나!" 우리가 무심코 쓰는 말하나하나가 그냥 만들어진 것이 없더군요. 그 깨달음의 순간은 정말 짧지만 강력했습니다. 혼자만 알고 지나치기엔 너무 아까워 블로그에 글을 올렸고, 온라인 강의도 시작했으며, 마침내 유튜브 채널 〈한자의 깨알 재미〉까지 개설하게 되었습니다.

이 과정은 저에게 깨알 같은 작은 앎이 되었습니다. 하지만 그 속에서 시공간을 넘어선 역사와 선조들의 통찰, 삶의 지혜를 발견할 수 있었습니다. 그 작은 재미와 깨달음이 제 유튜브 채널 〈한자의 깨알 재미〉를 만들게 했습니다.

'사실 요즘 같은 시대에 누가 한자에 관심이나 있을까?' 시작도 하기 전에 걱정이 앞섰던 건 사실입니다. 또 많은 분들이 묻습니다.

"요즘 같은 디지털 시대에 왜 굳이 한자를 공부해야 하나요?"

저는 이렇게 대답합니다. 빠르고 가벼운 정보가 넘쳐나는 시대일수록, 말의 의미를 더 깊이 이해할 필요가 있다고 말이죠.

한자를 알면 우리말의 본래 뜻이 또렷해지고, 단어가 지닌 맥락과 뉘앙스를 더 정확하게 느낄 수 있습니다. 그 과정에서 우리는 단순히 어휘를 아는 것을 넘어, 생각하는 힘을 넓히고 사고의 깊이를 더하게 됩니다.

말은 단순한 소통의 도구를 넘어, 선조들이 세상을 바라본 눈과 지혜가 켜켜이 스며든 문화의 집합체입니다. 우리가 쓰는 단어 하나하나에는 역사의 흔적과 삶의 통찰이 숨어 있습니다. 그것을 알아차리는 순간, 평범한 일상의 말들이 조금은 다르게 보입니다. 우리 말속에 숨은 한자를 알아야 하는 충분한 이유가 되었나요?

이 책은 유튜브에서 나누었던 이야기들을 차곡차곡 모아 정리한 것입니다.

필요한 만큼 알고, 제대로 알고, 지혜롭게 쓴다면 우리말은 훨씬 더 따뜻하고 풍성해질 수 있습니다.

부디 읽는 동안 "아하!" 하는 감탄이 여러분의 일상에도 조용히 스며들기를 바랍니다.

'내 언어의 한계는 내 세계의 한계이다.' 철학자 비트겐슈타인의 말입니다. 이 책의 작은 깨알 재미가 언어를 사랑하는 마음으로, 또 삶을 조금 더 깊이 바라보는 눈으로 이어지기를 바랍니다.

저의 첫 책은 많은 분의 도움이 없었으면 세상에 빛을 보기 어려웠을 겁니다. 이 책이 나오도록 오랜 시간 돌봐주신 편집부와 디자인팀 구성원들, 〈한자의 깨알 재미〉 구독자님들! 그리고 늘 응원해주시는 주변 지인들과 가장 큰 힘이 되어준 남편, 든든한 가족들에게 감사드립니다.

2025년, 시작되는 가을
손유미(깨미) 올림

| 차례 |

작가의 말　4

감정과 인간관계

1 학[瘧]을 떼다　16
2 황당[荒唐]·당황[唐慌]　18
3 환장[換腸]·단장[斷腸]　20
4 알력[軋櫟]·갈등[葛藤]　22
5 진상[進上]　24
6 주책바가지　26
7 호구[虎口]　28
8 호로[胡虜]자식·개차반[茶飯]　30
9 내숭[內凶]·얌체　32
10 간[肝]이 부었다　34
11 식겁[食怯]　36
12 신신당부[申申當付]　38
13 화기애애[和氣靄靄]　40
14 만끽[滿喫]　42
15 철부지[不知]·노익장[老益壯]　44
16 빈축[嚬蹙]을 사다　46
17 숨·자식[子息]·삶　48
18 치사[恥事]　50
19 쓸쓸　52
20 심술[心術]　54

삶과 운명, 그리고 경쟁

21 천상천하 유아독존[天上天下 唯我獨尊]　58

22 호불호[好不好]·복불복[福不福]　60

23 섭리[攝理]　62

24 월드컵과 대통령 배[杯]　64

25 최후의 보루[堡壘]　66

26 압권[壓卷]·백미[白眉]　68

27 박빙[薄氷]·각축전[角逐戰]　70

28 골로 가다　72

29 풍지박살·풍비박산[風飛雹散]　74

30 영락[零落] 없다　76

31 추호[秋毫]·간발[間髮]　78

32 일탈[逸脫]　80

33 신[辛]라면　82

34 도무지　84

35 유명[幽明]을 달리하다　86

36 영구차[靈柩車]　88

37 망신살[亡身煞]　90

38 악착[齷齪]　92

39 와해[瓦解]　94

40 설욕[雪辱]　96

문화와 역사가 깃든 표현

41 화수분 100

42 춘추[春秋] 102

43 사대문 104

44 피로연[披露宴] 106

45 만우절[萬愚節] 108

46 납량[納凉] 특집 110

47 영수[領袖] 회담 112

48 장안의 화제 114

49 삼복[三伏] 116

50 퇴짜 118

51 입추[立錐]의 여지 120

52 현관[玄關] 122

53 자반고등어 124

54 김치 126

55 만두[饅頭] 128

56 벽창호 130

57 쑥맥[菽麥] 132

58 고주망태·해장 134

59 조바심·노파심[老婆心] 136

60 낭만[浪漫] 138

61 귀감[龜鑑]　140

62 병신육갑[病身六甲]　142

63 아령[啞鈴]　144

64 무데뽀　146

일상 속 말들과 표현 속의 깊은 의미

65 회자[膾炙]되다　150

66 상투[常套]적　152

67 정곡[正鵠]·장사진　154

68 시쳇말　156

69 절찬리[絶讚裡]　158

70 재미와 흥미[興味]　160

71 젬병·문외한[門外漢]　162

72 파충류[爬蟲類]·양서류[兩棲類]　164

73 애로[隘路]·사항　166

74 탈[頉]·흠[欠]　168

75 긴가민가　170

76 야[冶]하다　172

77 섭씨[攝氏]·화씨[華氏]　174

78 수작[酬酌]·짐작[斟酌]　176

79 추파[秋派]　178

80 자외선[紫外線]　180
81 총각[總角]과 처녀[處女]　182
82 기라성[綺羅星]　184
83 엽기[獵奇]　186
84 신기루[蜃氣樓]　188
85 즐비[櫛比]　190
86 고무[鼓舞]적　192
87 눈이 침침[沈沈]·백발이 성성[星星]　194
88 서랍　196
89 피장파장　198
90 차질[蹉跌]　200

사회와 경제를 반영하는 표현

91 적자[赤字]·흑자[黑字]　204
92 달러　206
93 각출[各出]·갹출[醵出]　208
94 월척[越尺]　210
95 도수[徒手] 치료　212
96 안타[安打]　214

97 걸신[乞神]　216
98 헹가래　218
99 선풍[旋風] 적　220
100 진부[陳腐]·신진대사[新陳代謝]　222
101 요기[療飢]·감질[疳疾]　224
102 인색[吝嗇]　226
103 일목요연[一目瞭然]　228
104 전형[銓衡]　230
105 분식회계[粉飾會計]　232

한자 난센스 퀴즈　234
정답　236

감정과
인간관계

1. 학(瘧)을 떼다

무엇인가에 크게 데었을 때 '학을 뗀다'고 말하죠. 여기서 '학'은 과연 어떤 뜻이길래 이런 의미가 되었는지 궁금합니다. '학' 하면 목이 긴 두루미나 종이접기 학이 먼저 떠오릅니다. 그러나 '학을 떼다'에서 '학'은 '瘧(학질 학)'에서 왔습니다. 학질은 학질 모기에게 물려서 감염되는 전염병으로 보통 '말라리아'라고 하죠. 지금은 말라리아를 쉽게 예방하고 치료하지만, 오래전 그 작은 모기는 참으로 무서운 존재였습니다. 한번 걸렸다 하면 오한과 발작을 일으키고 호되게 앓고 나서야 겨우 뗄 수 있었다고 합니다. 고로 '학을 떼다'라는 표현은 말라리아로 극심한 고생을 했던 경험이 내포되었는데, 지금은 그 뜻이 아주 진절머리가 난다는 의미로 쓰이고 있습니다.

'학을 떼다'를 언급하니 욕의 하나인 '염병'도 떠오릅니다. '지랄 염병'이라고도 하는데 어찌하여 듣기 거북한 심한 욕이 되었을까요?

지랄과 염병 또한 모두 병과 관계가 있습니다. 지랄은 간질(癎疾)을 속되게 이르는 말인 지랄병에서 왔습니다. 뇌전증이라고도 하는데, 경련이나 발작 증상을 일으키는 병을 말합니다. 누군가에게는 큰 병이자 아픔인 것을 어찌 욕으로 쓰게 되었을까 싶습니다.

염병(染病 물들 염. 병 병)은 '장티푸스'를 속되게 이르는 말이자, 전염병(傳染病)을 통칭하는 말이기도 합니다. 염병을 앓는 건 매우 안타깝고 재수가 없는 상황이라 할 수 있죠. 이 말은 후에 상대가 매우 못마땅하다는 의미로 확장되었습니다.

우리는 코로나를 겪으면서 전염병의 무서움을 경험했습니다. 이런 욕이 품은 뜻을 알게 된다면 함부로 내뱉기는 쉽지 않을 것입니다.

2. 황당(荒唐)·당황(唐慌)

   평화와 화평처럼 그 글자 순서를 바꿔 써도 뜻이 같은 것들이 있듯이 '당황'과 '황당'도 말의 앞뒤만 바꿔 쓴 것이니 비슷한 뜻 아닌가? 하고 생각할 수 있지만 원래는 별개의 단어라고 보시면 됩니다. 물론 황당한 일을 당하면 당황하게 되니 두 단어는 밀접한 관계가 있긴 하죠. 그러나 황당과 당황은 품고 있는 한자도 다르고 그 의미도 다른데 어떤 미묘한 차이점이 있을까요?

   큰 볼일을 보려는데 방귀가 나올 때 황당하고, 방귀를 뀌려는데 큰 게 나올 때 당황스럽죠. 다른 상황도 상상해 볼게요. 고속도로에서 화장실이 너무 급해서 큰 트럭 뒤로 가서 몰래 볼일을 보고 있는데 갑자기 차가 출발하면 황당한데, 그 차가 앞으로 가다 갑자기 후진을 해서 점점 내 쪽으로 다가온다면 이건 또 얼마나 당황스러울까요!

   이렇듯 황당(荒唐 거칠 황, 당황 당)의 사전적 뜻은 '말이나 행동 따위가 어이없고 터무니없다'입니다. 이해할 수 없을 만큼 혼란스러울 때 부정적인 의미로 씁니다. 이와는 달리 당황(唐慌 당황 당. 어리둥절할 황)은 놀라거나 다급하여 어찌할 바를 모르는 상태인 것입니다. 예상하지 못한 놀라운 일을 당하여 어찌할 바를 모르겠다는 뜻으로, 그 '놀라운 일'은 좋고 나쁘다 혹은 옳고 그르다 하는 어떤 가치판단이 전제된 것이 아님을 알 수 있습니다.

'황당' 하니 장자(莊子)에서 유래한 성어인 '황당무계(荒唐無稽)'가 떠오릅니다. 말이나 행동에 근거가 없고 터무니없단 뜻이죠.

오늘날 가짜 뉴스나 헛소문뿐 아니라 비상식적인 일이 난무하는데 황당한 일로 당황스런 상황이 생기지 않길 바라 봅니다.

3. 환장(換腸)·단장(斷腸)

어떤 것에 지나치게 몰두하거나 그것을 좋아할 때, 혹은 마음이나 행동이 비정상적인 상태가 되었을 때 '환장한다', '환장하겠다' 이런 표현을 씁니다. 속이 뒤집힌다는 뜻 그대로 한자는 換腸(바꿀 환, 창자 장)인데요. 원래는 換心腸(환심장)으로 마음과 내장이 다 바뀌어서 뒤집힐 정도라는 뜻입니다. 이때 '미치겠다' 이런 말이 절로 튀어나오겠죠. 이렇듯 돌아 버릴 정도로 주체할 수 없는 마음을 표현하거나 지나치게 몰두할 때 '환장'이란 단어를 씁니다.

장(腸)이 뒤바뀌다 못해 끊어지는 경우를 뜻하는 두 글자 성어가 있습니다. '단장(斷腸 끊을 단, 창자 장)'으로 몹시 슬퍼서 창자가 끊어지는 듯한 아픔이라는 뜻입니다. 자식을 잃은 부모의 마음을 비유한 말로 새끼를 잃은 어미 원숭이의 이야기에서 유래합니다. 진(晉)나라 때 일입니다. 군사가 출정하려던 순간 한 병사가 따라온 새끼 원숭이를 데리고 배에 탔습니다. 배가 막 출발하자 저 멀리서 어미 원숭이가 달려와 팔짝팔짝 애타게 뛰었지만 이미 때는 늦었습니다. 해가 질 무렵 배는 강기슭에 닻을 내렸는데 그때 백 리를 쫓아온 그 어미 원숭이가 배로 뛰어들어 자기 새끼를 안자마자 풀썩 쓰러져 죽었습니다. 누구도 그 이유를 알 수 없어 어미 원숭이의 배를 갈라 보고 모두 깜짝 놀랐습니다. 어미의 창자가 모두 끊겨 있었던 것입니다. 그야말로 애간장을 태우며 죽기 살기로 따라온 어미의 마음이 '단장'이라는 두 글자에 고스란히 담겨 있습니다. 이렇듯 '장(腸)'은 우리의 마음을 대변해 주고 있습니다.

자식을 잃은 큰 슬픔을 감히 어떻게 말로 다 표현할 수 있을까요. 가슴 한구석이 먹먹해집니다.

4. 알력[軋轢]·갈등[葛藤]

'알력' 하니까 알통을 키운 힘으로 갈등을 해결하려 했나? 하며 재밌게 생각할 수도 있겠습니다. 과연 이 '알력'이란 말은 어떤 의미를 품고 있길래 지금의 갈등이나 분쟁을 뜻하게 되었을까요?

알력(軋轢 삐걱거릴 알, 삐걱거릴 력)에서 삐걱거리는 소리가 들리시나요? 자세히 보면 둘 다 車(수레 차)가 들어가는데 수레의 바퀴와 관련이 깊습니다. 수레가 잘 굴러가기 위해서는 양쪽 바퀴의 균형이 잘 맞아야 별 무리가 없겠죠. 그렇지 못하면 충돌 등 문제가 생기기 마련입니다. 이렇듯 '알력'은 바퀴가 조화롭지 못하고 삐걱거림 같은 문제점을 품고 있다는 뜻의 단어로 서로 의견이 맞지 않아 갈등을 일으키거나 충돌한다는 의미가 되었습니다.

또 흔히 쓰는 말 중 알력과 유사한 '갈등'이 있습니다. 갈등은 식물에서 유래하는데, 칡(葛 칡 갈)과 등나무(藤 등나무 등)을 뜻합니다. 등나무 가지와 칡이 이리저리 꼬여 있어 풀기 힘든 것처럼, 개인이나 집단의 이해관계가 서로 복잡하게 얽혀 있는 상황을 설명합니다. 관계 속에서 타협점을 찾지 못해 생기는 인간의 불편한 감정을 이렇게 서로 엉겨 있는 식물에 비유했네요.

바퀴가 삐걱거리는 모습이나 칡과 등나무가 얽혀 있는 일상의 모습 속에서 어떻게 사람의 미묘한 심리상태를 연결했는지 선조들의 눈썰미가 참 대단하단 생각을 하게 됩니다.

알력과 갈등을 해소하는데 도움이 되는 처방전 성어로 이청득심(以聽得心)을 추천합니다. 춘추 시대에 유래한 이 말은 '상대방의 말에 귀 기울여 경청하는 것이야말로 상대의 마음을 얻는 최고의 지혜다'라는 뜻입니다.

상대를 향한 따뜻한 관심이 작은 시작이라 생각됩니다.

5. 진상(**進上**)

 '진상'이라고 하면 진짜 상대하고 싶지 않은 사람이란 의미일 것 같죠? 직원에게 하대하는 손님이나 과도한 요구를 하면서 뻔뻔하게 구는 철면피, 꼴불견 등을 이르는 말로 부정적인 의미가 담겨 있죠. 사실 '진상'은 역사 속 아픔을 품은 말입니다.

 진상은 특정한 행동을 의미하고 한자는 進上(나아갈 진, 위 상)입니다. 원래는 '진귀한 물품이나 지방의 특산물을 임금이나 고관 따위에게 바친다' 이런 뜻이었는데 왜 이런 부정적인 뜻이 되었을까요?

 한 나라를 다스림에 있어서 많은 재물이 필요한 것은 당연한 이치죠. 예로부터 관리들은 백성들에게 쌀을 비롯한 재물들을 거둬들여 왕에게 바쳤고 그것이 궁궐의 재산이 됩니다. 각 지방 관리들은 고을의 특산물을 거둬들여 한양으로 보냈는데, 이것들을 높은 분에게 올린다는 뜻에서 '진상(進上)'이 된 것입니다. 그러나 이 진상이 가지는 폐단이 부각되면서 지금의 부정적인 의미로 남게 되었습니다. 말로는 윗사람에 대한 백성의 당연한 도리라고 하지만 먹고 살기 빠듯한 서민들에게는 귀한 것을 마련하는 일 자체가 고역이었고, 빈곤에 허덕이게 하는 요인이 된 것입니다. 진상(進上)의 부담이 가중되면서 백성들의 피눈물 나는 원성은 점차 높아진 것입니다. 이러한 고충의 마음이 반영되면서 현대에 와서 '진상'은 '무례하고 꼴불견이라 할 수 있는 행위 또는 그런 사람'을 가리키는 말이 되었습니다.

백성이야 어찌 살든 임금이나 나랏일을 하는 관리만 배부르고 등 따시면 된다는 엉터리 논리에 얼마나 원통하고 억울했을까요? 백성들의 한 맺힌 마음과 비난의 목소리가 이 단어 속에 고스란히 남아 지금까지 전해짐을 느낍니다.

6. 주책바가지

'아휴, 주책바가지!' 놀리는 조의 이 말은 어떤 뜻에서 비롯된 말일까요?

주책을 알기 전 '줏대'를 먼저 말씀드리겠습니다. 줏대는 자신의 생각을 꿋꿋하게 지켜 내는 정신으로 '주 + 대'의 결합인데, 여기서 주는 바로 主(주인 주)로 사물의 가장 중요한 부분이나 중심을 말합니다. 주책은 줏대와 관련이 있으며 원말은 바로 주착(主着)입니다. 나만의 주된 생각이나 나에게 자리 잡은 판단력이 바로 '주착'인 것이죠.

그런데 보통 '주착이 없다' 이렇게 부정어와 같이 쓰면서 일정한 줏대 없이 이랬다저랬다 실없는 행동을 하는 사람을 '주책없다' 또는 '주책이다'라고 표현하게 된 것입니다. 여기에 비하의 의미인 '바가지'까지 추가해서 '주책바가지'라고 놀리는 조의 재미난 표현까지 생겨 납니다. 이렇듯 '주책'이란 말은 줏대가 없고 철없이 아무렇게나 행동하는 사람을 뜻하게 되었습니다.

'주책없다'를 언급하니 '부화뇌동(附和雷同)'

이 떠오릅니다. 부화뇌동은 '우렛소리에 맞춰 함께한다'는 뜻으로 자신의 주견이나 줏대 없이 그냥 남의 의견에 맞춰 덩달아 함께한다는 뜻이죠.

옳고 그름을 잘 판단할 수 있는 그릇을 키워 나만의 소신이 뚜렷한 삶을 살아간다면 주책바가지란 소리는 듣지 않을 것 같습니다. 가끔 빈틈을 보이는 귀여운 주책바가지가 되어 보는 것 정도는 괜찮지만요.

7. 호구(虎口)

 한글로 '호구'란 글자를 마주하면 여러 뜻이 떠오릅니다. 호적상 집의 식구 수를 뜻하는 '호구(戶口)'로 호구 조사가 떠오르시죠? 또 태권도나 검도에서 몸을 보호하기 위해 착용하는 도구인 호구(護具)도 있습니다. 또 다른 뜻으로는 '내가 네 호구냐?' 이런 표현도 있죠. 여기서 호구는 어수룩하여 이용하기 딱 좋은 사람을 비유적으로 쓰는 말입니다. 이제 그 의미를 좀 더 깊이 살펴보겠습니다.

 호구는 '범의 아가리'라는 뜻인 호구(虎口 범 호, 입 구)입니다. 매우 위태로운 처지나 상황을 이르는 말로 바둑 용어로 많이 쓰인다고 합니다. 상대 바둑돌 석 점이 이미 둘러싸고 있는 형국으로, 한쪽만이 트여 영락없이 먹히고 마는 아주 위태로운 상황을 뜻하는 것이지요. 그곳이 결국 잡아 먹히고 마는 범의 아가리 같다고 하여 '호구'라 하게 된 것입니다. 오늘날 상대방의 먹잇감이나 이용감이 된다는 뜻으로 확장하여 지금 우리가 비하해서 쓰는 말로 남게 되었네요.

유사한 말로 '봉 잡다'가 있습니다. 이는 전설 속에서만 존재하는 상서로움의 상징인 봉황을 잡는다는 뜻으로, 매우 훌륭한 사람이나 중요한 일을 얻음을 비유적으로 이르는 말입니다. 그런데 이 말이 지금은 '어수룩한 사람을 부추겨서 실속을 챙긴다'는 의미로 바뀌게 되었고, 그 뜻이 확대되어 행운을 잡거나 좋은 일이 있다는 의미로도 쓰입니다.

누군가의 호구가 되기보다 '봉 잡았다!' 이렇게 외칠 수 있는 일들이 많이 생기셨으면 좋겠습니다.

8. 호로[胡虜]자식 · 개차반[茶飯]

호로자식 또는 후레자식이라는 말은 교양이나 배움이 없는 듯 막되게 자란 사람을 일컫는 말입니다. 이들의 두 가지 어원을 살펴보겠습니다.

호로는 胡虜(오랑캐 호, 사로잡을 로)라는 뜻으로 중국 북방의 이민족을 오랑캐 또는 흉노라고 했습니다. 그런데 이들의 행패가 심해 오랑캐가 참 밉던 차에 음이 비슷한 호노(胡奴 오랑캐의 포로) 또는 호로(胡虜)라고 부르면서 못 돼먹거나 버릇이 없는 사람을 이르는 말이 되었습니다.

또 다른 어원은 '홀의 자식'인데 홀어머니의 자식이란 의미에서 비롯되어 아이가 아버지 없이 커서 제멋대로이고 버릇없이 막돼먹은 모습에서 이런 말이 전해졌습니다. 과거 사회에는 아버지의 엄한 가르침이 무엇보다 중요하다고 여겼기 때문이겠지요.

호로와 유사한 뜻으로 언행이 몹시 좋지 않은 사람을 속되게 이르는 말인 '개차반'도 있습니다. 우선 차반의 의미는 茶飯(차 차, 밥 반)으로 차와 밥을 뜻하는데, 좋은 음식들로 잘 갖춘 상차림을 뜻하는 옛말입니다. 그렇다면 개차반은 단어의 의미 그대로 '개'가 먹는 '차반'이란 뜻으로 결국 똥개가 먹는 음식이니 똥을 돌려서 이르는 말입니다. 대개 언행이 몹시 더러워 거슬리는 사람을 속되게 이르는 말이 되었습니다. 개차반이라고 생각한 사람을 '꼴불견'이라고 생각하는 경우도 많겠죠? 여기서 꼴은 사람의 모양새나 형태를 낮잡아 이르는 말이고 불견(不見 아니 불. 볼 견)을 넣어 그 꼴이 우습고 거슬려 차마 봐 줄 수 없다는 뜻이 되겠습니다. 겉모습이나 행동의 심각성이 세 글자에 잘 녹아 있네요.

우리 모두 꼴불견은 되지 맙시다.

9. 내숭(內凶)·얌체

 겉으로는 얌전한 척하지만 속마음이 다를 때 '내숭을 떨다' 이렇게 표현합니다. 예를 들어 먹을 수 있지만 많이 못 먹는 척하는 이런 행동을 내숭이라고 합니다.

 그런데 내숭의 어원은 그 뜻이 좀 무겁습니다. '내흉스럽다' 이런 의미로 '내흉'은 內凶(안 내, 흉할 흉)에서 온 말입니다. 겉과 속이 다르니 '속마음이 보기 흉하다' 이런 뜻으로 속마음이 엉큼할 때 쓰는 표현이었습니다. 옛사람들은 맘속에 뭔가 다른 꿍꿍이가 있는 것을 흉하다 생각했네요.

 그렇다면 내숭보단 긍정적인 의미로 '아양을 떨다'의 '아양'은 또 어떤 뜻일까요?

 아양은 귀여움을 받으려고 알랑거리는 말이나 행동을 뜻하는데 아양의 어원은 옛날 방한모인 '아얌'에서 왔습니다. 아얌은 부녀자가 나들이할 때 춥지 않도록 머리에 쓰는 용도로 지금의 방한 모자입니다. 이 쓰개에는 장식인 술이 달려 있어 움직이면서 달랑거리는데 아마도 그 모습이 마치 귀여운 행동으로 시선을 끄는 것처럼 보였나 봅니다. 아양을 떨다가 이렇게 아얌을 비유한 말이 되었다는 사실이 재미있습니다.

하나 더! '얌체'라는 단어에서 얄미운 사람이 떠오르는데요. '염치없다'의 '염치'에서 왔습니다. 염치가 변해 얌치가 되고 얌치가 '얌체'로 변한 것입니다. 염치의 한자는 廉恥(청렴할 렴. 부끄러워할 치)입니다. '마음이 결백하여 체면과 부끄러움을 아는 것'을 염치라 합니다. 그러나 지금의 얌체는 '염치'가 없는 사람을 뜻하게 되었답니다. 고로 얌체는 자기 이익만을 앞세우거나 그런 행동을 하면서도 부끄러움을 모르는 사람이라고 할 수 있습니다.

얼굴에 철판을 깐 것처럼 뻔뻔하게 행동하는 사람을 '철면피'라 하는데, 철면피와 얌체가 만나면 과연 어떤 상황이 벌어질지 궁금합니다.

10. 간(肝)이 부었다

 '간이 부었다' 혹은 '쓸개 빠진 놈' 이런 표현 많이 들어 보셨죠? 또 놀랐을 때 '간담이 서늘하다' 이렇게 말하는데 그 이유는 무엇일까요?

 우리 내장을 통틀어 오장육부라고 하는데 간과 쓸개는 부부 장기라고 할 정도로 아주 밀접한 관계가 있습니다. 고로 줏대가 없는 사람을 '간에 붙었다 쓸개에 붙었다 한다' 이렇게 표현하는 데는 다 이유가 있는 것이죠.

 간(肝)은 해독 작용과 질병을 막아 주는 것이 가장 큰 역할이기 때문에 한자에도 干(방패 간)이 들어 있습니다. 특히 한의학에서는 간이 정신을 관장하고 혼이 깃들어 있는 곳이라고 여겼습니다. 간 기능이 약해지면 작은 일에도 겁을 내고 두려워하게 되지요. 그래서 심하게 놀랐을 때 간이 콩알만 해진다고 표현하나 봅니다. 반대로 간 기능이 왕성해지면 웬만한 일에도 겁을 내거나 두려워하지 않기 때문에 '간이 크다', '간이 부었다' 등 간을 빗대어 마음의 상태를 표현하는 말들이 많음을 알 수 있습니다.

 간과 짝꿍인 쓸개! 쓸개의 가장 중요한 역할

은 소화를 돕는 것이지만, 한의학에서는 결단하고 판단하는 기능이라고 합니다. 옛사람들은 진정한 용기가 이 쓸개에서 나온다고 믿었습니다. 쓸개가 한자로 담(膽 쓸개 담)이죠. 담력(膽力), 대담(大膽)이라는 말 속에 쓸개가 보이시나요? 진정한 용기와 자신감은 이렇게 쓸개에서 비롯된다는 생각을 엿볼 수 있습니다. 반대로 '쓸개 빠진 놈' 이렇게 표현하는 것은 과감한 기운이 나오는 쓸개가 없으니 정신을 차리지 못하고 줏대 없는 사람이라고 생각했기 때문일 것입니다.

이렇듯 간과 쓸개라는 단어 안에 사람의 마음과 용기의 의미를 풀어 낸 것은 몸과 마음을 하나로 꿰뚫어 본 선조들의 지혜라 할 수 있겠습니다.

11. 식겁(食怯)

 '식겁'이 사투리처럼 느껴지시나요? 멀쩡한 표준어입니다. 뜻밖에 놀라거나 혼이 난 상황에서 쓰는 표현인데, 과연 어떤 의미가 담겨 있을까요? 우리가 놀랐을 때 겁을 '집어' 먹다, 이렇게 표현하는데요. 식겁의 식이 바로 食(먹을 식)입니다. 그리고 '겁'은 순우리말 같지만 사실 한자어 怯(겁낼 겁)으로, 뜻밖에 놀라 겁을 먹는 상황을 '식겁했다'라고 표현하는 것입니다. 예문을 하나 들어 보면요, '시방, 내가 너 때문에 식겁했어' 이런 문장에서 '시방(時方)'도 사투리 같은데 '말하는 바로 이때'란 뜻으로 지금을 뜻하는 표준어입니다. 이렇듯 얼핏 들으면 식겁도 시방도 다 사투리 같은데 한자 뜻을 품고 있는 표준어였네요.

 겁(怯 겁낼 겁)을 떠올리면 동시에 떠오르는 단어들이 있습니다. '비겁', '질겁'과 '기겁'인데요, '비겁'에서 비(卑 낮을 비)는 비열하고 겁이 많음을 뜻합니다. 그리고 질겁의 질(窒 막힐 질)은 숨이 막히고 자지러질 정도로 깜짝 놀랐을 때 '질겁하다' 이렇게 표현을 하고요. 기겁도 비슷한 뜻으로 여기서 기(氣 기운 기)는 숨이 꽉 막히듯 갑자기 겁을 먹고 놀람을 뜻합니다. 이렇듯 怯(겁)의 모습과 표현이 다양합니다.

겁을 먹으면 동시에 놀라는 감정이 생기죠. 놀람을 뜻하는 익숙한 말인 기절초풍(氣絕招風)이 떠오릅니다. '기절'은 기가 끊겨 정신을 잃었다는 표현으로, 까무러질 정도로 몹시 놀람을 뜻합니다.

이왕이면 생각지도 못한 기분 좋은 일들로 기절초풍하면 더없이 행복하겠네요. 참, '허겁지겁'은 조급한 마음으로 허둥대는 모습일 뿐 怯(겁)과는 관련이 없음을 알려 드립니다.

12. 신신당부 [申申當付]

 부모의 입장이 되면 자식이 혹여 일을 그르칠까 걱정하는 마음에 아주 작은 일까지 '신신당부'합니다. 그렇다면 신신당부 할 때 '신신'은 어떤 의미일까요?

 우선 '당부(當付)'라고 하면 어찌하라고 말로 단단히 부탁함을 뜻하는데, '신신당부' 하면 더욱 간곡히 당부함을 뜻합니다. 여기서 '신'은 새롭거나(新) 맵다(辛)의 뜻이 아닌 申(거듭 신)입니다. 고로 '신신당부'는 거듭 또 거듭해서 간곡히 당부한다는 뜻의 성어입니다.

 申(거듭 신)에는 다양한 뜻이 내포되어 있습니다. 申은 하늘에서 번쩍번쩍 내리꽂는 번개의 모습을 형상화한 글자입니다. 사실 번개라는 뜻을 더욱 명확하게 하고자 기상 변화의 핵심인 비(雨)를 추가해 電(번개 전)을 만들었습니다. 번개는 하늘에서 자유자재로 펴졌다 오그라들기 때문에 '거듭'이라는 뜻을 내포하게 되었고, 보통 말을 할 때 거듭 강조하여 언급하게 되니 '아뢰다', '말하다'의 의미로까지 확장하게 되었습니다.

옛사람들은 번개를 매우 두려워했을 뿐 아니라 신성시하였습니다. 신이 예사롭지 않은 번개를 통해 사악한 사람을 징계할 뿐 아니라, 어떠한 계시를 내린다고 믿었던 것이죠. 으스스한 분위기를 연출할 때 꼭 등장하는 이 번개! 두려움의 대상이었던 번개(申)에 신령을 뜻하는 示(귀신 시)를 넣어 신을 대표하는 神(귀신 신)이 만들어지게 된 것입니다.

P.S. (追申 추신) 한 가지 더 말씀드리면, 신(申)을 '납 신'이라고 하는데 여기서 '납'은 원숭이의 옛말입니다. '잔나비'라고도 하죠. 원숭이를 뜻하는 말로 이 한자를 빌려 썼네요. 원숭이의 해가 되면 그해 명칭에 신(申)이 들어감을 알 수 있습니다.

13. 화기애애 [和氣靄靄]

'화기애애' 하면 어떤 분위기가 떠오르시나요? 웃음소리 가득한 기분 좋은 모임이나 만남이 상상됩니다. 이런 훈훈한 분위기로 '애'를 애정 가득한 愛(사랑 애)로 생각하셨을 가능성이 큽니다. 그런데 화기애애함은 과연 사랑이 넘쳐 흐른다는 뜻일까요?

'화기애애'에서 '화기(和氣 화할 화, 기운 기)'는 함께 나누고 조화로운 분위기로 화목함을 뜻합니다. 그렇다면 '애'는 愛(사랑 애)가 왠지 안성맞춤일 것 같은데 사랑은 아닙니다. 좋은 분위기라고 다 사랑과 관련이 있는 것은 아닐 테니까요.

여기서 '애'는 공기의 흐름, 그러니까 대기 속 과학 현상과 관련이 있습니다. 바로 아지랑이를 뜻하는 靄(아지랑이 애)입니다. 아지랑이를 뜻하는 이 한자는 익숙하지도 않고 획순도 복잡합니다. '아지랑이'는 주로 봄날 햇빛이 강할 때 공기 중에 아른아른 움직이는 현상이잖아요. 지면이 달궈지면서 풍경이 불꽃처럼 하늘거리며 움직이는 모습을 볼 수 있는 것처럼 '화기애애'는 아지랑이가 몽글몽글 피어나듯 온화하고 화목한 분위기가 넘쳐흐르는 상황을 뜻합니다. 선조들의 센스에 놀라셨나요? 좋은 분위기를 아지랑이에 비유한 통찰에 감탄합니다.

그렇다면 잠깐! 유사한 느낌의 단어가 또 하나 있습니다. 바로 '분위기'입니다.

분위기(雰圍氣 눈날릴 분, 에워쌀 위, 기운 기)의 '분'은 눈이 날린다는 뜻입니다. 공간 속 눈에 보이지 않는 공기의 흐름을 눈이 흩날리는 모습으로 이렇게 아름답게 표현하였네요. 알고 보니 단어의 의미가 참 시적이죠?

우리가 무심코 쓴 말속에 낭만적이고 아름다운 의미가 담겨 있다니, 그냥 그렇게 대충 만들어진 말이 없음을 알게 됩니다.

14. 만끽(滿喫)

'만끽하다' 이 말은 '어떤 상황을 마음껏 누리거나 즐긴다'라는 뜻으로 순우리말 같지만 한자어입니다. 과연 어떤 뜻을 품고 있을까요?

'만끽'은 滿(가득 찰 만)에 喫(먹을 끽)으로 우리가 생각하는 의미에서 조금 더 구체적으로 표현된 듯합니다. '먹다' 뜻의 한자를 생각하면 食(먹을 식)이 떠오르지만 여기서는 喫(먹을 끽)으로, 먹고 마시다, 담배를 피우다 이런 기본적인 욕구 충족의 의미를 담고 있습니다. 지금은 담배 피우는 것을 보통 흡연(吸煙)이라고 하죠. 하지만 예전에는 연기를 먹는다는 의미로 끽연(喫煙)이란 표현도 많이 썼습니다. 그러나 건강을 위해 반대말인 금연(禁煙) 또는 금끽연이 더 중요하겠네요.

이렇듯 만끽에는 근본적으로 '충분히 먹고 마음껏 마신다'라는 의미가 담겨 있음을 알게 됩니다. 예나 지금이나 먹고 마시는 일이 무엇보다 가장 중요하죠. 이렇게 일차적인 기본 욕구가 충족되어야 다음 단계를 생각할 수 있는 여유가 생기겠죠? 후에 만끽은 고차원적인 욕망까지도 충족한다는 의미로 확장되었습니다. '대자연의 아름다움을 만끽하다' 이런 표현도 그대로 풀어 보면 '대자연의 아름다움을 먹고 마시다!' 이렇게 날것의 느낌으로 이해할 수도 있겠습니다. 표현이 자연스럽지는 않지만, 말의 의미를 알게 되니 재미있습니다.

여기서 재미있는 포인트! 중국어에서 자주 쓰는 인사말 '니 츠판러마?(밥 먹었니?)'는 그 발음이 조금은 장난스럽게 들리기도 하는데요. 여기서 쓰이는 '먹다(吃)'와 같은 뜻이면서 다른 모양을 가진 글자가 바로 이 '喫(먹을 끽)'이랍니다.

15. 철부지(不知)·노익장 (老益壯)

 난센스 퀴즈로 시작해 보겠습니다. 사람의 몸무게가 갑자기 늘어날 때는 언제일까요? 갑자기 몸무게가 늘 때는 과식했을 때가 아닌 바로 '철들 때'입니다. '철부지'와 관련한 난센스 문제였는데 맞히셨나요?

 우리가 쓰는 말 중에 한자어에서 변한 말들이 많습니다. 나잇값을 못 할 때 쓰는 '철부지'도 그런 말 중 하나입니다. 이 말속에는 어떤 한자 의미가 담겨 있을까요?

 철부지의 '철'은 강철이 아닌 시간의 특정 부분인 '때'를 뜻합니다. 어떤 시기를 뜻하거나 알맞은 시절이라는 뜻의 한자인 節(마디 절)이 '철'로 발음되면서 우리가 흔히 휴가철, 장마철, 이사철 등으로 표현하게 된 것입니다. 그리고 '부지'는 不知(아니 불, 알 지)로 '알지 못한다' 이런 의미입니다. 고로 철부지는 그 나이에 맞는 행동이 무엇인지 알지 못한다는 뜻으로, 그 나이에 맞는 적절한 행동을 하지 않을 경우 '철부지' 또는 '철이 없다' 이렇게 표현을 하게 된 것입니다. 이와는 반대로는 '철들다' 또는 '셈들다'는 사리를 분별할 힘이 생겼음을 뜻합니다.

철이 들고 또 나이를 먹어감에 따라 더 강하고 왕성해짐을 뜻하는 성어가 있는데요, 바로 '노익장(老益壯)'입니다. 중국 〈후한서 마원전〉에서 유래한 내용으로, 나이는 많지만 의욕이나 기력이 점점 좋아지는 상태를 뜻하는 말입니다. 나이가 많음에도 불구하고 의욕과 건강이 청년과 같을 때 '노익장이라 부를 만하다'라고 하죠. 나이는 숫자에 불과할 뿐! 노년에도 왕성한 활동으로 젊은 사람 못지않게 활력이 넘치는 분들을 자주 뵐 수 있습니다.

고령화 사회에 접어든 지금, 우리는 더 젊고 건강하게 살기를 소망하고 있습니다. '노익장' 이 성어가 가슴 깊이 파고드네요.

16. 빈축[嚬蹙]을 사다

'빈축을 사다'는 누군가에게 비난이나 미움을 받는다는 뜻입니다. '빈축'이 품고 있는 한자는 바로 嚬蹙(찡그릴 빈, 찡그릴 축)입니다. 얼굴을 찡그리거나 찌푸리다는 뜻으로 불만이 가득 섞여 찡그리고 있는 모습에서 '빈축'이라는 말이 생겼음을 알 수 있습니다.

사실 이 말은 서시빈목(西施嚬目)에서 유래하는데, 옛날 중국 4대 미녀 중 한 사람인 전국시대 월나라 '서시'의 이야기입니다. 연못 속의 물고기가 서시를 보자마자 그녀의 아름다움에 정신을 잃고 물속으로 가라앉았다는 이야기가 전해질 만큼 서시는 뛰어난 미모로 유명했습니다. 월나라는 오나라와 앙숙이었는데 서시의 미모를 앞세운 스파이 작전으로 오나라를 패망하게 만듭니다. 그녀의 미모가 나라를 살리기도 하였네요.

서신빈목의 표면적인 뜻은 '서시가 눈을 찡그리다'지만, 더 깊은 속뜻을 품고 있습니다. 서시는 가슴 통증으로 자주 얼굴을 찡그렸다고 하는데, 그 찡그린 얼굴 조차도 너무 아름다웠다고 합니다. 이웃 동네 추녀인 동시(西施)가 그 찡그린 모습을 따라 하고 다녔는데 동시의 모습을 본 사람들은 화들짝 놀라며 동시를 비난하였습니다. 이런 상황 속에서 유래한 '서시빈목'은 자신의 분수를 생각하지 않고 상대방을 무조건 따라 하거나 흉내 내다 웃음거리가 됨을 비유한 말입니다. 여기에서 '빈축'이라는 말이 눈살을 찌푸리고 얼굴을 찡그린다는 뜻으로 어리석음을 비난하는 말로 쓰게 된 것입니다.

끝없는 경쟁 속에서 남과의 비교는 우리를 지치게 합니다. 나의 시선이 타인보다는 나 자신에게 향하고, 내 내면 성장에 관심을 쏟는 것에 더 큰 의미가 있지 않을까 생각합니다.

17. 숨·자식(子息)·삶

　혹시 우리가 놀랐을 때, 왜 숨을 '흡(吸마실 흡)' 하고 들이마시는지 알고 계시나요? 그것은 몸이 위급한 상황이라 판단하고 대처하는 반사적인 현상으로, 순간적으로 다량의 산소를 마셔서 위급 상황에 대처하고자 하는 기막힌 방어 전략입니다. 다행히도 사고가 나지 않아서 스트레스가 사라지게 되면 이때는 '휴' 하고 큰 숨을 내쉬게 되는 것입니다. 이렇듯 생존을 위한 위기 대처 능력 시스템을 장착한 우리 몸이 참 신통방통합니다.

　호흡(呼吸 부를 호, 마실 흡)은 내쉬고 들이마시는 숨으로 한자 한 글자로 표현한다면 息(숨쉴 식)입니다. 그런데 여기서 잠깐! 아들과 딸을 일컫는 자식(子息)에 왜 이 息(숨 식)이 쓰였는지 알고 보면 참 절묘합니다. 자식에게 내 숨결을 나눠 줬기 때문일까요? 숨을 쉬는 것은 곧 생명의 존재를 뜻합니다. 고로 자식의 '息'은 '숨을 쉬다'에서 시작하여 생존하고 자라고 번식하다 등의 뜻이 담겨 있습니다. 뿐만 아니라 휴식(休息)의 息처럼 하던 일을 그만두다, 쉬다, 망하다 이런 의미까지 확장하고 있습니다. 부모의 생명을 이어받은 '자식'이란 말속에는 이처럼 한 생명으로 태어나 자라고 결혼하고 아이를 낳아 기르다 늙어서 죽게 되는 모든 과정이 고스란히 녹아 있음을 알게 됩니다. 息이라는 한 글자가 한 사람의 일생을 담고 있고 그 삶을 고스란히 전해 준 느낌입니다.

자식이 장성하여 출가를 하면 부모는 자식의 소식(消息 사라질 소, 숨 식)을 늘 궁금해 합니다. 소식이란 죽음과 삶을 비유하는 말로, 그 옛날엔 죽었는지 살았는지 생사(生死)를 확인하는 것이 중요했을 것입니다. 이렇듯 부모는 언제나 자식의 무탈한 소식을 기다리네요.

자식과 소식이란 단어 속에 숨어 있는 息(숨식)! 알고 보니 절로 고개가 끄덕여집니다.

18. 치사 [恥事]

　상대의 말이나 행동이 거슬리거나 아니꼬울 때 '참 치사하다 치사해' 이렇게 중얼거립니다. 여기서 '치사'에는 어떤 의미가 숨어 있을까요? '치사'라는 두 글자를 들여다보면 한글은 같아도 속내는 다양함을 알 수 있습니다.

　아니꼬울 때 언급하는 '치사'는 恥事(부끄러울 치, 일 사)입니다. 상대의 말이나 행동이 남 부끄러울 때 또는 못마땅하거나 쩨쩨하게 생각될 때 언급하게 되죠. 특히 상대가 금전적으로 인색할 때도 '참 치사스럽다' 이렇게 말합니다. 恥(부끄러울 치)의 한자를 자세히 보면 귀(耳)와 마음(心)으로 조합되어 있는데 왜일까요? 부끄러운 감정이 생기면 보통 귀가 먼저 반응하여 빨개지잖아요. 예나 지금이나 변함없는 몸의 반응이 한자에 고스란히 담겨 있습니다.

　그렇다면 다른 의미의 '치사'는 무엇이 있을까요? 안타깝게도 코로나 시국에 많이 들었던 단어죠. '죽음에 이름'을 뜻하는 '치사(致死 이를 치, 죽을 사)'로 죽음에 이르는 확률이 바로 '치사율'입니다. 치사율이 높다 하면 두려움이 엄습

합니다.

분위기가 확 바뀌는 '치사'도 있습니다. 다른 사람을 칭찬하거나 그런 말의 의미인 치사(致辭 이를 치, 말씀 사)인데 '공치사'로 많이 언급됩니다. 空(빌 공)이 들어간 공치사는 빈말로 칭찬한다는 뜻이고, 功(업적 공)이 들어간 '공치사'는 남을 위해 수고한 것을 자신이 잘했다고 생색내며 스스로 자랑한다는 뜻입니다.

어떤 공치사든 공치사가 너무 과하면 빈축을 살 수 있으니 주의해야 하겠습니다.

19. 쓸쓸

'쓸쓸하다'에서 이 '쓸쓸'이라는 말은 왠지 가을과 잘 어울리는 것 같은데, 이 말은 과연 어떤 의미에서 지금의 뜻이 되었는지 문득 궁금해집니다.

쓸쓸은 외롭고 허전하고 또 적적한 느낌을 품고 있는 단어죠. 이런 감정을 악기에서 찾으려 한다면 과연 어떤 악기 소리와 유사할까요? '쓸쓸'이란 말은 현악기 중 하나인 거문고에서 왔습니다. 비파나 거문고를 뜻하는 한자가 瑟(거문고 슬)인데, 그 악기의 줄을 켤 때 나는 소리도 표현합니다. 글자를 중첩하여 슬슬(瑟瑟)이 지금의 '쓸쓸하다'의 어원이 된 것입니다.

원래 바람소리가 매우 스산하고 으스스할 때 거문고 소리를 비유해 '슬슬하다'로 표현했는데, 감정적으로 허전하고 외로울 때도 쓰게 되면서 지금의 '쓸쓸하다'로 자리 잡았습니다.

이는 다른 단어를 통해서도 확인할 수 있는데요. 비슷한 뜻으로 '소슬하다'가 있습니다. 으스스하고 쓸쓸함을 뜻하는 말로, 蕭瑟(쓸쓸할 소, 큰 거문고 슬)에서도 그 쓸쓸함이 거문고 소리와

만났음을 알 수 있습니다. 흥을 돋우는 악기인 북이나 꽹과리와는 달리 거문고는 차분하면서도 쓸쓸한 감정을 자아내는 힘이 있네요.

거문고 하면 부부관계가 좋을 때 쓰는 말인 '금실'이 떠오릅니다. 보통 거문고를 琴(금)이라고 하고요, 큰 거문고를 瑟(슬)이라고 합니다. 두 악기가 만나면 환상적이면서 조화로운 음을 내기 때문에 부부 사이가 다정하고 애정이 돈독할 때, 부부간의 사랑을 뜻하는 말로 '금실(琴瑟)이 좋다' 이렇게 표현하게 되었습니다.

쓸쓸한 소리의 주인공인 두 거문고가 만나 하모니를 이룬 것이 부부의 화합과 조화를 상징하게 되었네요. 참, 금슬이 금실로 변했음을 기억해 주세요!

20. 심술[心術]

 '심술' 하면 덕지덕지 심술 가득한 놀부 영감이 제일 먼저 떠오릅니다. 심술도 하나의 기술일까요? 심술은 순우리말 같은데 한자를 품고 있습니다.

 '심술'은 남을 골탕 먹이기 좋아하는 못된 마음보나 괜한 고집을 부리는 마음이라 할 수 있죠. 그러나 이 '심술'이 처음부터 이런 나쁜 의미는 아니었다고 합니다. 한자를 들여다보면 알 수 있는데요 심술은 心術(마음 심, 재주 술)로 마음의 재주 또는 마음의 기술로 풀이할 수 있습니다. '심술'을 잘 쓴다면 심리학자나 심리상담가처럼 남의 마음을 헤아려 주고 치유해 주는 능력이 되겠지만, 내 욕심을 채우기 위해서만 쓴다면 그야말로 놀부 심보가 되겠네요. 지금은 이렇듯 부정적인 의미로만 남아 순수한 마음의 상태와는 거리가 먼 '마음의 꾀'로 풀이하게 되었네요.

 보통 '심술'은 '부리다'라는 동사와 친합니다. '부리다'는 어떤 행동이나 성질을 참지 못하고 드러낼 때 쓰는 동사이기 때문에 '심술을 부리다'가 자연스러운 표현이 되는 것이죠.

보통 術(재주 술)이 들어간 단어는 어떤 유용한 능력을 뜻합니다. 기술이나 무술, 마술, 예술, 그리고 환자를 치유하는 손의 기술인 수술(手術)처럼 긍정적인 의미로 쓰이지만, 요 '심술'은 그렇지 않네요.

만약 이 심술이 원래의 뜻인 '남의 마음을 헤아려 주는 기술'로 작용한다면 심술쟁이는 어디서나 환영받을 것 같습니다.

삶과 운명,
그리고
경쟁

21. 천상천하 유아독존[天上天下 唯我獨尊]

 '천상천하유아독존(天上天下唯我獨尊)'은 '세상에 나 홀로 존귀하다' 이런 뜻으로 이기적이고 자신밖에 모른다는 뜻으로 비유하기도 하지만 원래의 뜻은 그렇지 않습니다. 내 존재의 소중함을 일깨워 주는 말로, 우주 가운데 우리 하나하나는 너무나 소중한 존재임을 강조하는 성어입니다. 석가모니가 처음 태어났을 때 하신 말로 무엇보다 참된 나로 살아가라는 뜻이 내포되어 있습니다.

 정연복 시인의 '태양과 나'라는 시가 떠오릅니다. '태양은 온 세상에 단 하나뿐이라서/ 소중하다 너무너무 소중하다./ '나'는 온 우주에서 유일무이한 존재라서/ 특별하다 천상천하유아독존이다./ 태양이 사라지면 세상은 암흑천지가 될 거다/ 내가 없어지면 우주는 큰 상처를 입는 거다.'

 그런 유일무이한 내가 이 세상에 태어날 확률은 어느 정도 될까요? 전문가들은 수많은 생명체 중 내가 인간으로 태어날 확률은 400조 분의 1 정도의 희박한 수치라고 말합니다. 이렇듯 엄청난 확률로 운 좋게 인간으로 태어난 나! 존재 자체만으로도 감사할 일입니다. 이런 '나'라는 뜻의 한자를 보니 손에 무기를 들고 있습니다. '我(나 아) = 手(손) + 戈(무기)' 왜일까요? 생명을 유지하는 것 자체가 쉽지 않았던 그 옛날, 전쟁 등 치열한 삶 속에서 내가 무기를 들고 나를 지켜 낸다는 건 무엇보다 중요하다 여겼기 때문입니다.

무기를 들고 지켜야 할 것은 나 자신과 가족뿐 아니라 나의 조국도 있죠. 國(나라 국)에도 백성이 무기를 들고 국경을 지키는 모습이 고스란히 담겨 있습니다.

나를 있게 해 준 모든 것들에 다시금 감사하게 됩니다.

22. 호불호[好不好]·복불복[福不福]

우리가 흔히 말하는 '호불호'는 좋아하거나(好 좋을 호) 좋아하지 않거나(不好 아니 불, 좋을 호)의 뜻으로 말이 품은 의미를 알면 쉽게 이해할 수 있습니다. 고로 어떤 제품에 대해 '호불호'가 갈린다는 뜻은 그것을 좋아하는 사람도 있고, 좋아하지 않는 사람도 있어서 어느 쪽도 무시할 수 없음을 의미합니다.

그런데 왜 이 好(좋은 호)는 여자(女)와 아들(子)의 조합으로 된 것일까요? 혹 여자와 남자가 함께 있으니 좋다는 의미일까요? 아닙니다. 女는 엄마를 뜻하고 子는 아들로 엄마 품속의 어린 아들을 뜻합니다. 오래전 농경 사회에서는 노동력과 대를 잇는 일이 무엇보다 중요했기에 엄마가 아들을 낳는 것은 너무 기쁜 일이자 무엇보다 중요한 일이었음을 알게 됩니다.

호불호와 비슷한 구조인 복불복(福不福)은 사람의 운수를 뜻하는 표현으로 많이 쓰입니다. 풀이하면 '복이 있거나 또는 복이 없거나' 이런 상반된 의미를 내포하고 있는데, 가위바위보나 제비뽑기처럼 내 의지에 따라 결정되는 것이 아닌 운에 따라 결과가 좌우된다는 뜻이죠.

우리는 모두 복받는 삶을 원합니다. '福'이란 한자는 신 앞에 제사를 드리며 술을 따르고 있는 모습이자 신이 주시는 복을 기원하는 모습입니다. 신이 주시는 진귀한 항아리(畐)가 복의 상징이 되는 것입니다.

그렇다면 이 복 항아리가 내 집에 가득하다면 얼마나 좋을까요? 생각만 해도 든든합니다. 그런 의미의 한자가 있죠. 집 안에 진귀한 항아리가 떡하니 자리 잡은 모습으로 재물이 가득함을 뜻하는 한자, 바로 富(부유할 부)입니다. 요즘 많은 곳에서 달항아리를 흔히 볼 수 있습니다. 그러고 보니 사람들이 항아리에 끌리는 이유가 있었나 봅니다.

23. 섭리(攝理)

'섭리'는 보통 자연의 섭리 또는 신의 섭리와 자연스레 연결해서 언급됩니다. 어김없이 찾아오는 봄의 생명력을 마주할 때면 '섭리'라는 단어가 떠오르면서 말속의 오묘한 그 뜻이 궁금해집니다.

'섭리'는 간단하게 '이치에 맞게 다스려진다' 이런 뜻으로, 攝理(다스릴 섭, 다스릴 리)라는 한자를 품고 있으며 '다스리다'라는 의미가 중복됨을 알 수 있습니다. 여기에서 '섭(攝)'은 손(扌)과 귀 세 개(聶)가 합쳐진 모습으로 원래는 당기다, 잡다의 뜻입니다. 귀 세 개는 작은 소리로 소곤거린다는 뜻으로, 아마도 잘 들리지 않으니 내 손을 잡아당겨서 귀 기울여 듣는 모습을 표현한 것인데 참 재밌습니다. 이 뜻이 확장되어 '필요한 것을 골라 취하여 다스린다'는 의미로 바뀌었습니다. 이 뜻을 알게 되니 음식물 섭취(攝取)나 적군 포섭(包攝)과 같은 단어의 의미도 더 선명해집니다. 이렇듯 '섭리'라는 단어를 통해 눈에 보이지는 않지만, 세상과 우주 만물을 다스리는 힘을 다시금 생각해 봅니다.

'자연이 하는 일에는 쓸데없는 것이 없다'라는 아리스토텔레스의 명언이 떠오르는데요. 이렇듯 모든 것은 시절인연(時節因緣)을 따라 지나가고 자연의 진리를 벗어날 수 없음을 알게 됩니다. 여기서 '시절인연'이란 모든 사물의 현상이 시기와 때가 되어야 일어난다는 뜻으로 자연의 섭리대로 시기와 장소가 정해져 있어서 굳이 애쓰지 않아도 만날 인연은 반드시 만나게 됨을 뜻하는 말입니다.

 가끔은 관조하고 순응하는 삶, 그 안에서 만족을 느낄 수 있다면 그것 또한 나와 자연이 일치되는 순간이 아닐까 생각하게 됩니다.

24. 월드컵과 대통령 배(杯)

 세계적 축구 대회인 '월드컵'과 다양한 스포츠에서 대통령'배' 또는 총장'배' 이런 명칭에는 공통점이 있습니다. 무엇일까요? 바로 우승컵입니다! 우리 한글로 '배'라는 글자를 떠올리면 열매의 하나인 '배' 아니면 신체 일부인 볼록한 '배'나 물 위에 떠다니는 '배'가 떠오릅니다. 그러나 대통령'배'에서의 '배'는 잔이나 컵을 뜻하는 말입니다. 우리가 건배(乾杯 마를 건, 잔 배)를 외칠 때의 '배(杯)'가 바로 술잔을 의미하는데 이는 잔을 들어 축하하고 행운을 비는 마음을 담은 말로 축배(祝杯)를 뜻합니다. 고로 대통령'배'는 대통령이 우승팀에게 내리는 우승 트로피(컵)이란 뜻입니다.

 '월드컵'이나 '우승컵'이라는 표현을 쓰는 건 트로피 자체가 원래 '컵'에 뿌리를 두고 있기 때문입니다. 그 기원은 고대 그리스로 거슬러 올라갑니다. 그리스에서는 기원전 556년부터 4년에 한 번씩 지혜와 전쟁의 여신인 아테나에게 바치는 제사와 함께 축제를 하였는데, 이 기간에는 스포츠 경기와 음악 경연 같은 각종

대회가 활발하게 열렸습니다. 이때 우승자에게 암포라(amphora)라고 부르는 항아리를 상으로 준 것이 지금까지 이어져 오는 것입니다. 하필 왜 항아리일까요? 그 이유는 아테나 여신이 도기(陶器·도자기 그릇)의 여신이기도 했기 때문입니다.

FIFA 월드컵 역시 이런 역사적 전통에 바탕을 두고 있습니다. 우승팀은 기쁨의 축배(祝杯)를 들지만 패배한 팀은 쓴 술잔과 쓰라린 경험을 얻는다는 뜻의 고배(苦杯)를 마시게 되네요.

이왕이면 달콤한 축배를 들 일이 많아지길 바라 봅니다.

25. 최후의 보루(堡壘)

 '최후의 보루'는 마지막 진(陣) 친 곳을 뜻하는 말로 '보루'의 오늘날 의미는 지켜야 할 대상이나 튼튼한 발판을 비유적으로 이르는 말입니다. 비장한 각오를 나타낼 때 더이상 물러설 수 없음을 뜻하는데 '보루'의 한자는 堡壘(작은 성보, 보루 루)로 둘 다 흙 토(土)가 들어가네요. 적의 침입을 막기 위해서 흙 또는 콘크리트로 튼튼하게 쌓은 구축물을 뜻합니다. 역사를 돌이켜 보면 자신의 나라를 지키기 위해 치열하게 방어했던 순간을 떠올려 볼 수 있습니다.

 이와 유사한 말인 '마지노선'은 더이상 물러설 수 없는 한계선을 뜻하는데, 여기서 '마지노'는 어떤 의미일까요? 혹시 사람 이름이란 사실을 알고 계셨나요? '마지노'는 '앙드레 마지노'라는 프랑스 육군 장관의 이름입니다. 1차 세계대전에서 프랑스는 독일의 공격에 대비한 방어 수단으로 튼튼한 장벽을 구축했는데 그 방책을 계획하신 분이 바로 마지노 장군이셨습니다. 그는 독일이 요새가 있는 곳에서 전쟁의 승리를 이어 가자 요새의 중요성을 깨닫고 방어만이 최선이라고 믿게 되었습니다. 그러나 안타깝게도 독일이 마지노선이 없는 접경을 공격함으로써 마지노선이 쓸모없게 된 것입니다. 그래서 이때 '마지노선이 무너졌다'라는 유명한 말이 남았고 프랑스군에게는 뼈아픈 결과만 남게 되었습니다. 튼튼한 방어만이 최선이라고 믿고 실행한 것이 결국 무용지물이 되었네요. 역사의 한 장면을 품고 있는 '마지노선'은 최후 방어선이라는 의미로 지금까지도 우리가 흔히 쓰는 말로 남아 있습니다.

 이렇듯 말속에 때론 역사적 상황이 숨어 있네요. 그것을 알아 가는 재미가 쏠쏠합니다.

26. 압권(壓卷)・백미(白眉)

 '압권'과 '백미'는 최고를 나타내는 성어입니다. 어떤 뜻에서 비롯된 말일까요? 압권은 누를 압(壓)에 책 권(卷)입니다. 책을 누르다? 이런 뜻이 왜 최고를 나타내는 말이 되었을까요? 고대 중국의 관리 등용 시험이라는 역사적 상황으로 거슬러 올라가면 이해가 쉽습니다. 어떤 시험이든 1등이 있기 마련입니다. 모두의 시험지를 걷어 가 확인한 후 가장 뛰어난 시험지를 시험지 뭉치 맨 위에 올려놓은 모습인데, 최고 점수의 시험지가 다른 시험지들을 누르고 있는 모습에서 '압권'이라는 말이 나왔습니다. 여러 책(시험지) 가운데 가장 잘되고 뛰어난 것을 뜻하는 말입니다.

 그렇다면 '백미'에는 또 어떤 의미가 담겨 있기에 훌륭한 물건을 뜻하는 말이 되었을까요? 혹시 흰쌀이 떠올랐나요? 흰쌀은 아닙니다. 예를 들어 춘향전은 한국 고전 문학의 '백미'다 이렇게 언급하는데요, 뛰어난 여럿 중에서 가장 뛰어난 것을 뜻합니다. '백미'는 삼국지(三國志)에서 유래하였고, 白(흰 백)과 眉(눈썹 미)로 흰

눈썹을 가진 사람을 뜻하는 말입니다. 촉나라에 유비를 모시던 마씨 다섯 형제가 있었습니다. 그 형제들이 하나같이 다 뛰어나 인정을 받았는데, 그중에서도 눈썹 속에 흰 털이 난 마량(馬良)의 재주가 가장 뛰어났습니다. 그를 '흰 눈썹'이라는 별명으로 불렀는데 이 말이 지금까지 이어져 가장 뛰어난 사람이나 훌륭한 물건을 '백미'로 부르게 된 것입니다.

'백미'의 주인공인 마량은 관우와 의형제를 맺을 정도로 가까웠는데, 관우가 독화살을 맞고 태연하게 치료할 때 같이 바둑을 둔 사람이 바로 '마량'이랍니다.

27. 박빙(薄氷)·각축전(角逐戰)

 치열한 승부의 세계에서 근소한 차이의 싸움으로 우열을 가리기 힘든 상황을 '박빙'이라 합니다. '박빙'은 과연 어떤 뜻을 품고 있을까요?
 박빙(薄氷 얇을 박, 얼음 빙)은 아주 얇은 살얼음이란 뜻으로, 살얼음 두께 정도의 아주 근소한 차이를 빗댄 그야말로 아슬아슬하고도 치열한 승부를 뜻하는 말이 되었습니다. 그렇다면 여리박빙((如履薄氷)이라는 성어는 또 무슨 뜻일까요? 이는 '살얼음을 밟는 것과 같다'라는 뜻으로 얼음이 얇은 줄도 모르고 건너다 얼음이 깨지는 것처럼 위험한 상황을 이르는 말입니다.
 박빙과 유사한 말로 '각축전'이 있습니다. 각축전은 치열한 싸움이란 뜻인데, 여기서 '각축'은 무엇을 뜻할까요? 동물들이 그들의 무기인 뿔을 들이밀고 덤비며 싸우는 모습을 떠올리시면 됩니다. 고로 각축전은 角逐戰(뿔 각, 쫓을 축, 싸울 전)으로 짐승의 뿔을 이용해 힘겨루기를 하는 모습에서 결국은 치열한 경쟁을 뜻할 때 자주 사용하게 되었습니다.
 치열한 승부를 뜻하는 성어가 또 있습니다.

각축전과 유사한 말로 동물을 비유한 성어가 용호상박(龍虎相搏)입니다. '용과 호랑이가 싸운다'는 뜻으로, 막강한 두 강자가 서로 치열하게 승패를 겨룸을 이르는 말입니다.

  치열한 각축전과 박빙, 용호상박의 싸움 끝에 남는 것은 단순한 승패가 아니라 서로를 더욱 단단하게 만드는 성장일지도 모릅니다. 나아가 어제의 나보다 나아지려는 나와의 경쟁은 때론 유익한 것이 아닐까 하는 생각도 듭니다.

28. 골로 가다

'골'이라는 한 글자 속에는 다양한 뜻이 숨겨져 있습니다. 우선 축구 중계에서 외치는 '슛 골인!'('Shot goal!')이 떠오릅니다. 또 뼈를 뜻하는 골(骨)과 '화났다'라는 뜻의 '골(火)났다'도 있죠. 또 뇌(腦)를 뜻하는 말로 골 아프다, 골 때리다 등 다양한 표현들이 있습니다. '골백번'은 또 무슨 뜻일까요? 여기서 '골'은 아주 많다는 의미의 萬(일만 만)의 토박이말로 백 번을 다시 만 번이나 되풀이한다는 뜻으로 '매우 여러 번'을 과장되게 표현한 것입니다.

그렇다면 '골'이라는 다양한 뜻 가운데 '골로 가다'는 어떤 의미일까요? 여기서 '골'은 죽음을 뜻하는 오싹한 말로 죽은 사람의 시신을 넣는 관(棺)을 뜻합니다. 관의 순우리말이 바로 '골'인 것이죠. 고로 '골로 간다'는 관속으로 들어간다는 뜻으로 죽음의 의미하는 말이 되었습니다. 또 다른 설은 조선시대 한양에 공동묘지와 처형장이 있던 '고태골'에서 유래가 되어 고태골로 간다는 건 죽음을 뜻하는 말이 되면서 지금의 '골로 가다'로 되었다는 민간 어원설도 있습니다.

　마지막으로 '골' 하면 '골탕 먹이다'가 있습니다. 골탕은 그야말로 소의 머릿골을 넣어 끓인 맛있는 고기 국물을 뜻하는데, 골탕 먹이다는 물크러지다의 '곯다'와 소리가 비슷합니다. 여기에 당하다의 의미가 섞여 큰 손해를 입거나 낭패를 당하는 뜻으로 쓰이게 되었습니다. 성어 중에도 '곯다'란 뜻의 골이 있습니다. 계란유골(鷄卵有骨)은 황희 정승 일화에서 나오는 말로 계란에 뼈가 있다는 뜻이 아닌 '계란이 곯았다'의 뜻입니다. 운수가 나쁜 사람은 모처럼 좋은 기회를 만나도 일이 잘 되지 않음을 이르는 말입니다.

　한글로는 같은 '골'인데 이렇게나 다른 세상을 담고 있다는 게 참 흥미롭습니다.

29. 풍지박살 · 풍비박산(風飛雹散)

 우리가 익숙하게 쓰는 말 중에서 옳지 않게 굳어졌거나 아리송한 표현들이 있습니다. '풍지박살, 홀홀단신, 파토났어' 이런 흔한 표현들이 그렇습니다. 그런데 '뭐가 문제지?' 하실 수도 있는데 어디에 오류가 있는지 살펴보도록 하겠습니다.

 '풍지박살'은 박살(깨어져 산산이 부서지다)라는 말에 영향을 받아서 굳어진 표현 같은데요, 정확한 표현은 '풍비박산(風飛雹散 바람 풍. 날 비. 우박 박. 흩어질 산)'으로 바람이 불어 우박이 이리저리 흩어진다는 뜻입니다. 무서운 바람이 한번 휘몰아치고 가면 결과는 눈에 뻔하죠. 어떤 일이 엉망이 되어 버림을 뜻하는 성어입니다.

 '홀홀단신'도 옳지 않은 표현입니다. 이 표현도 아마 홀로 외로이 이런 의미와 연결된 결과인 것 같습니다. 孑(외로울 혈)을 쓴 혈혈단신(孑孑單身)이 옳은 표현입니다. '홀로 외로운 몸'을 강조한 성어가 바로 '혈혈단신'입니다.

 오락이나 노름의 일종인 화투(花鬪 꽃 화. 싸울 투)! 이 말의 한자를 풀어 보면 꽃들의 싸움이 되고, 사전적 의미는 12종 48장으로 된 딱지놀이라고 표현하고 있습니다. 그런데 이 놀이를 하다 잘못되어 판이 무효가 되는 경우가 있죠. 이럴 때 '파토 났다' 이렇게 표현하는데요. 이는 옳지 않은 표현입니다. 화투 판이 깨진 것을 의미하기 때문에 파투(破鬪 깨뜨릴 파. 싸울 투)가 맞죠. 앞으로는 '파투가 나다' 이렇게 쓰시면 되겠습니다.

환골탈태(換骨奪胎)도 환골탈퇴로 잘못 쓰곤 합니다. '뼈를 바꾸고 태를 바꿔 쓴다'라는 뜻으로 새로운 모습으로 거듭나거나 완전히 딴사람이 되었을 때 쓰는 성어죠. 그런데 탈태(奪胎)가 낯설다 보니, 익숙한 '퇴(退)'로 잘못 바꿔 쓰면서 퍼진 오류랍니다.

이렇듯 오랜 시간을 거쳐 오고 가고 전해지면서, 발음하기 편하도록 자연스럽게 굳은 말들이 많음을 알게 됩니다.

30. 영락[零落]없다

'이번 시험에서 합격은 영락없다'는 합격이 틀림없이 확실하다는 뜻입니다. 이렇듯 무엇과 무엇이 일치하거나 딱 들어맞을 때 종종 '영락없다'는 말을 씁니다. 그렇다면 여기서 '영락'은 과연 어떤 의미를 품고 있을까요?

영락(零落 떨어질 영. 떨어질 락)은 둘 다 '떨어지다'라는 뜻입니다. 영(零)은 우리가 흔히 쓰는 숫자인 0, 값이 없는 수인 '영'을 나타내는 말로 한자어였네요. 이런 의미를 품으면서 '영락'은 숫자를 나눌 때처럼 똑 떨어져 나머지가 0이 되니 결국 나머지가 없다는 의미가 된 것입니다. 나아가 어떤 것을 비교해 보았을 때 빠지거나 부족한 것 없이 완전히 같다라는 의미도 갖습니다. 후에는 뜻이 확장되어 '사리가 분명하고 이치에 딱 들어맞는다'란 지금의 의미가 됨을 알 수 있습니다.

사정을 봐주지 않을 때 '가차 없다'라는 표현도 있는데요. 여기서 '가차'는 또 어떤 속내를 품고 있을까요? '가차'는 假(거짓 가)와 借(빌릴 차)로 원래 뜻은 임시로 빌리거나 꾼다는 의미입니다. '가차'는 외래어를 한자로 표기할 때 많이 사용하는 방법으로 이런 한자어는 단지 외국어를 비슷하게 소리내기 위함이라 영어 발음과 유사합니다.

고로 '가차 없다'의 의미는 '임시로 빌려다 쓸 수 있는 한자도 없다' 이런 의미가 담겨 '결국 어찌해 볼 도리가 없다' 더 나아가 '사정을 봐주거나 용서함이 없다'는 뜻이 되었습니다.

살다 보면 경계가 모호할 때가 많습니다. 확실함보단 살짝 여지가 있는 삶에 마음이 끌리는 이유가 있을지도 모르겠습니다.

31. 추호[秋毫]·간발[間髮]

'추호도 없다!' 이 말은 자신의 뜻이 아주 적거나 거의 없는 것을 강조할 때 쓰는 말로 '털끝만큼도 없다' 이 표현과 아주 유사한 뜻입니다.

순자(荀子)에 추호지말(秋毫之末)이란 말이 나옵니다. 이는 '가을철에 털갈이하여 가늘어진 동물의 털끝'이라는 뜻으로 아주 작은 것을 비유한 말인데, 추호(秋毫 가을 추, 터럭 호)는 부정어와 함께 쓰이면서 어떤 의도가 조금도 없다는 단호함을 나타낼 때 많이 쓰는 표현이 되었습니다. '추호도 그럴 마음이 없어!' 우리가 쓰는 자연스런 표현 속엔 이런 의미가 있었네요.

유사한 표현으로 '간발(間髮 사이 간, 터럭 발)'도 있습니다. '간발의 차이' 이렇게 표현하는데, '간발'은 가는 터럭 사이라는 뜻으로 아주 짧은 시간이나 적은 양을 뜻하는 말입니다 고로 간발의 차이는 서로 엇비슷하여 그 차이가 매우 적음을 뜻하는 말입니다.

가는 털을 언급하니 '구우일모(九牛一毛)' 이 성어가 빠질 수 없습니다. 아홉 마리 소에 털 한 가닥이 빠진 정도라는 뜻으로 대단히 많은 것

중에서 아주 적은 것을 비유하거나 하찮은 것을 뜻하는 말입니다. 이 말은 사기(史記)의 저자인 사마천이 남긴 말에서 유래합니다. 그는 시황제의 노여움을 사고 궁형이라는 끔찍한 형벌을 받아 자결을 시도하지만, 아버지의 유언을 새기며 마음을 고쳐먹고 천고에 길이 남을 역사서인 〈사기(史記)〉를 편찬하게 됩니다. 사마천은 자신의 친구에게 이런 말을 남깁니다.

'내가 허망하게 죽는다면 아홉 마리의 소 중에서 털 한 가닥 정도의 아주 하찮은 죽음이 될 것일세. 내가 이대로 죽어 후대에 아무것도 남기지 못하는 것이야말로 수치라고 여겼기 때문에 내가 살기로 결심한 것이네.'

이 편지 내용을 통해 그가 큰 아픔 속에서도 자신의 큰 꿈과 비전을 포기하지 않고 사기(史記)라는 대작을 편찬하기로 결심했다는 것을 알게 됩니다.

32. 일탈(逸脫)

평범한 일상 속에서 '일탈'이란 이 달콤한 단어를 떠올리기만 해도 기분이 들뜨기 마련입니다. 과연 '일탈'이란 말은 일상 탈출의 줄임말일까요?

익숙함 속에서 벗어나 새로운 무언가를 추구하는 게 '일탈'이잖아요, 고로 벗어나다라는 의미의 한자인 脫(벗을 탈)을 씁니다. 그렇다면 '일'은 어떤 의미의 한자일까요? 잘 달아나는 동물인 토끼와 관련이 있는데, 우리가 도망가는 것을 속되게 표현할 때 '토끼다' 이 표현 속에도 발 빠른 토끼가 있었던 것입니다. 일탈(逸脫)은 도망가기의 대표 주자인 토끼(兔)가 숨어 있다 달아나는 것처럼, 지금의 상황에서 벗어나 재충전을 위해 다른 곳으로 벗어난다는 의미가 되겠습니다. 일상을 탈출하니 일상탈출(日常脫出)이란 의미와 비슷하지만, 한자는 이렇게 다른 것을 알게 됩니다. 일탈의 또 다른 뜻으로 범죄 등 좋지 않은 의미로 사회적인 규범으로의 일탈도 있기에 크게 두 가지 뜻으로 나뉩니다. 규범으로의 일탈은 삼가면 좋겠네요.

逸(달아날 일)을 자세히 생각해 보면, 토끼가 달아나는 이유는 약육강식 세상에서 강자한테 잡아 먹히지 않기 위해 어디론가 숨으려고 달아나는 것이겠죠? 그래서 '숨다'라는 뜻도 있습니다. '숨다'라는 말속에는 어떤 문제점을 돌파하고 해결하기보다는 안주하려는 모습이 있는데, '안일(安逸 편안할 안, 달아날 일)'이라는 단어에서 그 의미를 만날 수 있습니다. 무사안일(無事安逸)은 즐거움과 편안함에 머물고 어려움은 피하려다 보니 결국 더 나은 일을 망각한다는 뜻입니다. 안타깝게도 안일함에 머문 삶에서는 적극적인 모습이나 활기를 찾기는 힘들 것 같습니다.

긍정 심리학자 소냐 류보머스키는 이렇게 말합니다. "소소한 일탈을 해라. 그러면 행복해진다."

33. 신(辛) 라면

 '사나이 울리는 辛라면!' 라면 광고 덕분에 이 辛(매울 신) 한자가 익숙하실 것 같습니다. 맵다는 뜻의 辛(매울 신)에는 과연 어떤 의미가 숨어 있는 걸까요?

 辛의 갑골문을 살펴보면 뾰족한 모양으로 꼭 송곳처럼 생겼습니다. 음식이 '맵다'라는 뜻의 이 글자가 사실 고대에는 어떤 특별한 용도로 사용한 도구였습니다. 이 날카로운 도구의 정체는 과연 무엇이었을까 상상해 봅니다.

 辛(매울 신)의 뜻은 원래 음식의 매운맛을 뜻하는 것이 아닌 날카로운 도구를 이용해 누군가에게 아주 따끔한 아픔을 준다는 뜻이었습니다. 여기서 날카로운 도구는 죄인이나 노예 신분을 낙인을 찍어 표시할 때 필요했던 도구입니다. 이것을 이용해 그들의 몸에 문신을 새겼던 것입니다. '辛'은 이렇게 매운맛을 넘어 형벌을 당할 때 고초가 맵고 고통스럽다는 아픔을 담았을 뿐 아니라 노예나 포로가 되어 혹독한 생활을 견뎌야 했기에 고생하다라는 뜻도 담고 있습니다. 우리가 자주 쓰는 성어 중에서 辛이

들어간 천신만고(千辛萬苦)를 보면 이는 '천 가지의 매운맛과 만 가지의 쓴맛'이라는 뜻으로 엄청난 고생을 뜻하죠. 그러나 세상은 변해서 지금의 타투(tattoo)라고 불리는 문신이 오히려 나를 표현하는 미적 수단의 하나로 변하였고, 자극적인 매운맛은 많은 사람들의 사랑을 받는 맛이 되었네요.

아픔이 담긴 글자를 하나 더 본다면, 국가를 구성하는 사람을 뜻하는 民(백성 민)은 눈(目)에 송곳을 찌른 모습입니다. 고대에는 포로로 잡아온 사람의 눈을 멀게 하여 저항하거나 도망가지 못하도록 만들었는데, 民의 본래의 의미가 바로 노예였습니다. 당시 인간의 존엄성이나 권리를 무시하고 노동력으로 쓸 수 있는 노예가 필요했던 것이죠.

역사를 통해 바라본 인간의 잔인함을 이렇게 문자 속에서도 만나게 됩니다.

34. 도무지

아무리 애를 써도 어찌할 방법이 없을 때, 보통 '도무지 되지 않는다!' 이렇게 표현합니다. 이 '도무지' 안에는 예상외로 섬뜩한 뜻이 담겨 있는데 과연 어떤 사연이 있을까요?

도무지의 한자가 도무지(都無知)로 '아는 바가 1도 없다' 이런 뜻일 것도 같은데, '도무지'는 실은 '도모지'라는 말에서 비롯되었습니다. 우선 도모지의 한자 뜻은 塗貌紙(칠할 도, 얼굴 모, 종이 지)로 얼굴에 칠하는 종이라는 뜻입니다. 이 말은 구한 말 황현(黃玹)의 매천야록(梅泉野錄)에 기록되어 있는데, 이 종이는 천주교도들을 박해할 때도 썼다고 합니다. 몸을 결박한 뒤 물을 적신 창호지를 얼굴에 한 겹 두 겹 발라서 숨을 못 쉬게 하는 방법으로 그 종이의 수분이 마르면서 서서히 죽게 하는 끔찍한 형벌이었다고 합니다. 그런데 천주교도들은 박해를 받고 이런 형벌을 받아도 배교하거나 자백하지 않았습니다. 이러한 상황에서 '저들은 어찌해도 안 된다'라는 의미가 담겨 전해지게 된 것입니다. 우리가 흔히 쓰는 단어인데 참으로 가슴 아픈 역사를 담고 있습니다. 앞으론 조금 버겁고 힘들다고 해서 이 말을 쉽게 쓰는 것이 어딘가 불편할 것도 같습니다.

얼굴에 종이를 붙이는 일을 언급하다 보니 사리판단을 어둡게 만드는 '호도하다'의 호도(糊塗 풀칠할 호, 칠할 도)도 떠오릅니다. 내 눈에 풀칠을 해서 뭔가를 명확하게 보지 못하게 감추거나 흐지부지 덮어 버리는 상황을 뜻합니다.

우리는 사건의 본질을 감추려는 누군가의 의도를 파악하고 본질을 제대로 볼 수 있는 현명한 눈을 가져야겠습니다.

35. 유명(幽明)을 달리하다

  죽음을 뜻하는 다양한 말 중에 '유명을 달리하다'란 관용어가 있습니다. '유명' 하면 '이름을 날리다'의 유명(有名)이 떠오르는데 여기서는 어떤 의미이길래 죽음을 뜻하게 되었을까요?

  '유명을 달리하다'의 유명은 삶과 죽음을 뜻합니다. 혹자는 幽冥(검을 유, 어두울 명)이 아닐까 생각하실 수도 있지만 아닙니다. 여기서의 유명은 幽明(검을 유, 밝을 명)입니다. 이는 어둠과 밝음이란 뜻으로 내세와 현세, 어두운 저승과 밝은 이승을 뜻하는 말입니다. 유(幽)는 그윽하다라는 뜻 이외에 어둡다, 검다가 확장되어 저승이란 뜻이 되었습니다. 유(幽)와 명(明)이 달라졌으니 죽었다는 뜻으로, 이승을 떠나 저승으로 갔기에 더는 만날 수 없다는 뜻을 품게 되었습니다.

  그렇다면 冥(어두울 명)이 들어간 유명(幽冥)은 어떤 의미일까요? 검고 어둡다는 뜻이 조합되어 그야말로 저승을 뜻합니다. 의미에 따라 한자와 그 뜻이 달라지니 문맥을 잘 파악해야겠습니다. 여기서 冥은 보통 눈을 감고 고요히 생각하는 명상(冥想)도 있지만, 죽음 뒤 저승에서 받는 복이라는 뜻의 명복(冥福) 속에서도 만날 수 있습니다.

그밖에 죽음을 뜻하는 또 다른 말 중에는 사람의 목숨이 끊어짐을 뜻하는 '운명(殞命 죽을 운, 목숨 명)'과 다른 세상으로 간다는 뜻의 타계(他界 다를 타, 지경 계)가 있습니다. 작고(作故)하셨다는 '고인이 되었다'라는 뜻으로 사람의 죽음을 높여 이르는 말입니다.

우리의 언어 습관 중 죽음을 통해 생(生)을 말하는 역설적인 표현이 많습니다.

'좋아 죽겠다', '웃겨 죽겠다' 여기서는 죽겠다는 두려운 말이 아닌 극상의 긍정어로 표현됩니다. 또 '그 사람 죽여 준다!'처럼 최상급의 상태를 말할 때도 이렇게 죽음을 넣어 표현하네요. '나는 죽어도 그건 하지 않겠다'처럼 죽음을 두고 맹세하는 언어 습관도 있습니다.

36. 영구차[靈柩車]

 '영구' 하면 바보스러운 캐릭터의 특정 인물이 떠오르나요? 그러나 '영구차'라는 말에서 엄숙한 느낌이 들어야 합니다. 이는 장례 때 시체를 운반할 목적으로 쓰는 특수한 차량이기 때문이죠.

 '영구차'는 상여가 묘지로 향하는 과정, 그러니까 발인(發靷)에 필요한 차량으로 한자를 들여다보면 그 의미가 명확해집니다. 영구차(靈柩車 신령 령. 널 구. 수레 차)의 '영'은 영혼이자 죽은 사람에 대한 높임말이고, '구'는 시체 넣는 관을 뜻하는 우리말로 운구 차량을 뜻합니다.

 죽음을 언급하다 보니 '초상'이라는 말도 궁금해집니다. 초상(初喪 처음 초. 죽을 상)은 사람이 죽어서 장사 지낼 때까지의 일을 뜻하는데, 한자만 보면 '처음 죽다'입니다. 한 번의 죽음인데 왜 처음을 강조했을까요? 육신의 죽음 이후에 영혼이 심판을 받기 때문에 처음 죽음 이후에 상(喪)이 더 있다고 생각한 까닭입니다.

 그리고 장사를 지내는 절차인 '장례(葬禮 장사 지낼 장. 예절 예)'의 한자를 들여다보면 葬은 죽은 사람 위아래를 풀로 덮은 모습인데, 이는 오랜 옛날 장례법은 화장이나 매장이 아닌 숲장이나 들장으로 장사 지냈던 풍속임을 고스란히 드러내고 있습니다.

장례식장에서 '謹弔' 이 한자를 많이 보게 되는데 어떤 의미일까요? (謹弔 삼갈 근. 조문할 조)로 '삼가 조문을 하다'의 뜻입니다. 弔(조문할 조)를 자세히 보면 사람(人)과 활(弓)의 조합입니다. 조문을 가는데 왜 활을 지니고 갔을까요? 아주 오래전에는 들장 혹은 숲장으로 시신을 처리했기에 시신이 야수나 독수리의 먹이가 되곤 했습니다. 이것을 차마 보지 못하고 활을 들고 지켜주는 모습이 반영되었습니다.

조문하다(弔)의 의미 속에도 오래전 장례법이 반영되었음을 알게 됩니다.

37. 망신살 [亡身煞]

누구나 피하고 싶은 망신살! '망신살이 뻗쳤다!' 이렇게 표현하곤 하는데요. 여기서 '살'의 정체는 과연 무엇일까요?

나잇살, 뱃살, 암살, 부챗살에는 다 '살'이 있는데 이 중 망신살의 '살'과 의미가 유사한 것이 하나 있습니다. 짐작이 가시나요? 바로 '암살'입니다. 망신살(亡身煞 망할 망, 몸 신, 죽일 살)과 암살(暗殺 어두울 암, 죽일 살) 둘 다 '죽음'을 뜻하는 '살'이었습니다. 의미는 같으나 모양이 많이 다른 한자가 쓰였네요. 결국 殺과 煞은 같은 한자라고 보시면 됩니다. 그러나 쓰임새가 다릅니다.

우선 '망신살'은 망신을 당하는 것만으로도 부끄럽고 창피한데 죽음까지 연결되면서 더 힘든 느낌입니다. 망신살 하니까 한곳에 머무르지 않고 여기저기 떠돌아다닐 운명을 뜻하는 '역마살(驛馬煞)'과 갑자기 닥치는 액운을 뜻하는 '급살(急煞)'도 떠오릅니다. 여기서 살(煞)은 운세나 운명과 같은 자연의 힘에 의한 죽음이나 힘든 상황을 뜻합니다. 이와는 달리 암살이나 타살, 자살의 살(殺)에는 자기 자신이나 남의 행위로 인해 죽음에 이른다는 뜻이 있습니다. 같은 죽음이지만 이렇게 다르네요.

殺(죽일 살) 자가 들어간 단어를 하나 더 살펴보겠습니다. 제시되는 단어인 '殺到'는 어떻게 읽을까요? '살도'라고 읽을까요? 아닙니다. 殺과 到가 만나면 '쇄도'가 됩니다. '주문이 쇄도하다' 또는 '인터뷰 요청이 쇄도하다' 이렇게 표현하죠. 여기서 '殺'은 죽다의 의미가 아닌 '빠르다'의 뜻이고, 한자의 음은 '쇄'로 달리 읽어야 합니다.

이렇듯 한자 한 글자의 뜻이 확장되면서 음까지 다르게 읽는 경우가 있으니 가끔은 버거워집니다.

38. 악착[齷齪]

때로 우리는 기를 쓰고 덤벼드는 사람을 '악착같다' 이렇게 묘사하는데요. 깡이나 오기와 같은 '악착'은 과연 어떤 모습에서 나온 말일까요?

굳은 결심으로 무엇인가를 해내려고 할 때 우리의 몸에 힘이 잔뜩 들어가고 이를 꽉 물게 되죠. 이런 모습을 '악착같다'고 합니다.

'악착'의 한자 모두 치아(齒 이 치)와 관련이 있습니다. 악착(齷齪 작은 이 악, 이 마주 붙을 착)은 이렇게 이가 꽉 맞물린 상태를 뜻하는데, 기를 쓰고 덤벼드는 끈기를 말할 때나 모질게 달려들어서 해내려는 모습을 말할 때 '악착같다' 하는 것입니다. 때론 '억척스럽다' 이렇게 표현하기도 하는데요, 이 '억척'도 악착과 상당히 유사한 단어가 되겠습니다.

악착같은 모습을 떠올리면 사마천 사기에서 유래된 고사성어인 '절치부심(切齒腐心)'도 떠오릅니다. 한자의 뜻을 보면 '이를 갈고 마음을 썩이다' 이런 뜻으로 대단히 분하게 여겨서 이를 갈고 속을 썩인다는 뜻입니다.

뭔가를 이루기 위해 '악착'같이 달려들어 최선을 다하는 모습은 성장에 도움이 될 수 있겠으나, '절차부심'처럼 분한 마음을 품는 것은 스스로에게 좋지 않은 영향을 미칠 것입니다. 내가 생각하고 내가 품는 감정은 일차적으로 나에게 영향을 주기 때문입니다.

 치열한 세상 속 악착같이 사는 나에게 좀 더 좋은 에너지를 선물하는 것이 어떨까요?

39. 와해(瓦解)

 '와해'와 비슷한 말로는 붕괴 또는 파괴가 있습니다. '와해'는 조직이나 계획 따위가 산산이 무너지고 흩어짐을 뜻하는 성어인데 무엇을 빗대어 만들어진 말일까요?

 와해는 한옥집의 지붕을 만들어주는 '기와'와 관련이 있습니다. 와해(瓦解 기와 와, 풀 해)는 기와가 깨지듯 산산조각이 난다는 뜻입니다. 기와가 땅에 떨어지거나 어떤 충격을 받으면 와장창 깨져 부서집니다. 이런 모습이 확장되어 어떤 조직이나 기관이 한꺼번에 붕괴되거나 분열된 것을 깨진 기와에 비유해서 '와해'라는 말이 만들어지게 되었습니다.

 깨진 기와는 사실 다시 붙이거나 복구할 수 없잖아요. 와해된 조직은 원래의 상태로 복구하기 힘들 뿐 아니라 처음의 상태로 돌아가는 것이 불가능함을 의미합니다.

 '기와'를 언급하니 고사성어 '영위옥쇄 불위와전(寧爲玉碎 不爲瓦全)'이 떠오릅니다. 정의로운 일을 위해 죽을지언정 구차하게 목숨을 구하지 않겠다는 뜻입니다. 이순신 장군께서 노량해전에서 '옥쇄'하셨다라는 표현 들어 보셨죠? 옥쇄는 명예나 충절을 위한 깨끗한 죽음을 뜻하는 말입니다. 단단한 옥이 부서질 때는 찬란한 빛을 내며 자신을 희생하듯 가치 있는 죽음을 뜻하는 반면, 기와는 충격에 쉽게 부서지는 모습에서 헛되이 이어 가는 삶을 비유하고 있습니다.

우리 사회에 유익하지 못한 조직은 와해되는 것이 마땅하지만 가치 있는 무언가를 만들어 가는 과정이라면 그 노력과 정성이 쉽게 무너지지 않게 잘 이어 나가는 것도 중요하리라 생각합니다.

40. 설욕[雪辱]

 '설욕을 씻다', '설욕의 기회' 보통 이렇게 표현하죠. '설욕전'은 진 것을 만회하기 위해서 겨루는 일을 뜻하는데요. '설욕'이란 두 단어는 과연 어떤 한자 뜻을 품고 있을까요?

 우리가 남을 무시하고 저주할 때 쓰는 말을 '욕'이라 하죠. 辱(욕될 욕)이란 한자어로 부끄럽고 치욕스런 일이란 뜻도 있습니다. 또 몹시 고생스러운 일을 겪었을 때는 '욕봤다' 이렇게 말합니다. 그렇다면 '설욕'은 다들 아시듯 '부끄러움을 씻다'란 뜻인데 여기서 '설'은 어떤 의미일까 궁금해집니다. 舌(혀 설)일까요, 說(말씀 설)일까요, 泄(샐 설)일까요? 다 아닙니다. 정답은 雪(눈 설)입니다. 좀 의외이지 않나요?

 겨울의 새하얀 눈이 어떻게 부끄러움을 씻어 줄까요? 밤새 소복하게 쌓인 눈을 상상하면 좋을 거 같습니다. '눈(雪)'은 기존의 모습을 확 덮어 버리죠. 그리고 이전과는 다른 모습의 변화를 만들어 내는데요, 이는 부끄러움을 덮고 새롭게 변하는 모습을 의미하게 된 것입니다. 예전에 행한 자신의 떳떳치 못한 부끄러움을 씻어 내기 위해 이번엔 정정당당하게 겨루겠다는 의지의 표현이 설욕(雪辱)이라 하는 것입니다.

설욕과 같은 의미로 설치(雪恥 눈 설, 부끄러울 치)도 있습니다. 성어로는 '설분신원(雪憤伸冤)'도 있는데, 이는 가슴에 맺힌 원한을 풀어 버리고 창피스러운 일을 씻어 버린다는 뜻으로 설욕과 유사합니다.

공통점은 모두 변화를 상징하는 설(雪)이 들어간다는 것입니다. 이렇듯 눈은 고요하지만 힘이 셉니다.

문화와 역사가 깃든 표현

41. 화수분

 '화수분'은 보배로운 그릇이자 퍼 내고 퍼 내도 마르지 않는 보물단지를 뜻합니다. 비슷한 이미지로 알라딘의 요술램프나 흥부의 박이 떠오르기도 하고 도깨비방망이 또한 유사한 느낌으로 다가옵니다.

 '화수분' 하니 花(꽃 화)가 떠오를 수도 있지만, 꽃과는 관계가 없고 '물동이'와 관계가 깊습니다. 사실 화수분의 원말은 하수분(河水盆 강 하, 물 수, 동이 분)으로 유래는 오래전 중국 고대 진시황제 때로 거슬러 갑니다. 하(河)는 원래 고유명사로 중국의 강인 누런 황하(黃河)를 뜻하는 말이었습니다. 황하는 문명의 발상지이자 중국의 상징이죠. 또 진시황제 하면 만리장성인데요, 이 거대한 토목공사를 진행할 그 당시 '하수분'이란 말이 생겨났습니다. 만리장성을 쌓기 위해 엄청난 인력이 투입됐을 것이고 이들이 마시고 쓸 물이 필요했겠죠. 워낙 많은 일꾼을 먹여야 했기 때문에 어마어마하게 큰 크기의 물동이가 필요했던 겁니다. 진시황제는 큰 항아리를 만들라 명령을 내렸고 그 물동이에 수십

만 명의 군사가 황하의 물을 길어다 채워 썼는데 항아리가 얼마나 컸던지 한 번 가득 채우면 아무리 써도 끝이 없었다고 합니다.

이런 역사적 배경 속에서 존재했던 '하수분(河水盆)'은 황하수를 채운 항아리로 아무리 써도 마르지 않았던 신비한 보물단지란 뜻이 전해지면서 지금의 '화수분'이 되었습니다.

여러분은 어떤 화수분을 원하시나요? 조금은 현실적으로 우리 마음속에 긍정 에너지가 매일 퐁퐁 솟아나는 화수분은 어떨까 상상해 봅니다.

42. 춘추(春秋)

　나이를 높여 묻는 '춘추', 이 말 속엔 어떤 의미가 녹아 있을까요?
　나이는 세상에 나와서 살아온 햇수를 말하는데, 이 '나이'라는 말은 '낳다'에 어원에 두고 있습니다. 나이를 뜻하는 다른 표현은 뭐가 있을까요? 연령(年齡)과 연세(年歲)가 있고 높임말로 춘추(春秋 봄 춘, 가을 추)가 있습니다. 그런데 여기서 '춘추'는 봄과 가을을 이르는 말인데 어째서 이 두 계절이 나이라는 의미가 되었을까요?
　지금은 사계절을 뚜렷하게 인식하고 있지만, 과거에는 농사와 관계가 깊고 중요한 시기적인 구분만 있었다고 합니다. 오래전 선조들에게는 농사의 시작인 '봄'과 농사의 마무리 단계로 수확기인 풍성한 '가을'만이 큰 의미가 있었던 것이죠. 여름은 단지 봄에서 이어진 좀 더 덥고 습한 시기고, 겨울은 가을에서 이어진 좀 더 춥고 건조한 시기였던 것입니다. 이렇듯 '춘추'는 의미 있는 시기인 봄과 가을로 1년 전체를 뜻하는 말이 되었고, 세월이나 역사라는 의미가 더해지면서 나이를 높여 부르는 말이 된 것입니다.

이런 의미에서 공자가 편찬한 역사서의 제목이 왜 '춘추(春秋)'가 되었는지 그 이유를 가늠하게 됩니다.

그렇다면 봄과 가을 둘 중에서도 한 해를 대표하는 계절로 하나만 꼽는다면 뭐가 될까요? 분명 풍성한 결실의 계절이자 수확기인 가을일 것입니다. 이는 성어에서도 확인할 수 있는데요, '일일여삼추(一日如三秋)'는 '하루가 3년과 같다'는 뜻으로, 몹시 애태우며 기다린다는 뜻입니다. 이렇듯 가을이 한 해를 대표하고 있음을 알 수 있습니다. 성어 하나로는 믿기 어려우신가요? 오래고 영원한 세월을 뜻하는 만고천추(萬古千秋)에서도 볼 수 있습니다.

가을은 예나 지금이나 더없이 풍성하고 아름다운 계절로 우리 앞에 다가옵니다.

43. 사대문

서울 중심에 자리 잡고 있는 사대문은 나름의 명칭이 있습니다. 그 명칭이 유교의 기본 사상인 인의예지신(仁義禮智信)과 관련이 있는데 어떤 연결 고리가 있는 걸까요?

유교의 핵심적 가르침이자 기본 개념을 오상(五常)이라고 합니다. 이는 인간이 지켜야할 다섯 가지 덕으로 仁(어질 인), 義(옳을 의), 禮(예절 예), 智(지혜 지), 信(믿을 신)을 말합니다. 첫 번째 인(仁)은 특히 공자가 가장 중요하게 여긴 덕목입니다. 잠시 우리나라의 초코파이를 언급해 보겠습니다. 안 드셔 본 분이 없을 텐데요, 우리의 초코파이는 중국에서도 대 히트를 친 효자 상품이었답니다. 초코파이의 상징이 마음을 뜻하는 情(정)이잖아요. 그런데 중국에 가서는 그들의 정서를 반영하여 情대신 仁(어질 인)으로 교체되었답니다. 이렇듯 중국인들은 공자의 중요한 가르침인 仁(인) 사상을 중시합니다.

그렇다면 사대문의 명칭 속 의미는 무엇일까요? 조선이란 새로운 이상 국가를 건설하려는 깊은 의미가 곳곳에 담겨 있습니다. 건국 당시

'정도전' 주도 아래 계획된 한양의 궁궐인 경복궁과 사대문 속에 유교 이념인 인의예지신(仁義禮智信)이 담겨 있습니다. 동대문을 흥인문(興仁門)이라고 하는데 여기에 인(仁)이 보이시나요? 그리고 서대문을 돈의문(敦義門)이라고 하는데 의(義)가 보이실 겁니다. 그리고 남대문을 숭례문(崇禮門)이라고 하는데 예(禮)를 확인할 수 있습니다. 북대문은 조금 복잡하네요. 원래는 숙정문(肅靖門)이라고 했는데 智(지)가 들어간 홍지문(弘智門)은 사실 북대문에서 조금 떨어진 곳에 있습니다. 마지막으로 도성 가운데에 보신각(普信閣)을 세워 오상의 마지막 덕목인 신(信)을 나타내었습니다. 유교 사상에 뿌리를 둔 조선의 건국 이념이 건축물의 명칭에도 드러남을 알게 됩니다.

 이렇게 유학을 조선 왕조의 통치이념으로 받아들이고 인간의 다섯 가지 도리인 '인의예지신'을 중심에 심은 조선 건국의 단면을 살펴보았습니다. 서울 사대문을 둘러보실 때 감상에 조금이라도 도움이 되면 좋겠습니다.

44. 피로연(披露宴)

'피로연' 하면 예식 후 진행되는 행사가 떠오르는데요. 이는 잔치나 연회 또는 파티를 뜻하는 말입니다. 여기서 '피로'는 과연 어떤 의미를 담고 있을까요? 만약 아이들이 피로연은 왜 피로한지 묻는다면 어떻게 대답해야 할까요? 말속의 의미가 궁금해집니다.

피로연은 결혼 등 기쁜 일을 널리 알리기 위하여 친척이나 지인들을 초대해 대접하는 잔치를 뜻합니다. 한자로는 披露宴(헤칠 피, 이슬 로, 잔치 연)으로 직역하면 풀어 헤쳐서 널리 알리는 연회라는 뜻으로 하객들에게 어떤 일을 공표하는 의식이라는 의미도 내포하고 있습니다.

그런데 의문점이 생깁니다. 피로연의 '로'가 왜 露(이슬 로)일까요? 露를 자세히 보면 '길가 풀잎에 맺혀 있는 빗방울'로 이슬이 맞습니다. 이슬 '露' 하면 우리나라 서민들의 대표 주류인 소주의 상표를 떠올리는 분도 계실것입니다. 露는 이슬이라는 기본 뜻 외에 '하늘의 진액' 또는 '진귀한 술'이라는 의미가 있습니다. 이름을 지을 때 그냥 대충 지은 것이 아님을 또 알게 됩니다. 좋은 술은 함께 나눌 때 기쁨이 배가 될 것입니다. 이러한 뜻이 확장되어 '피로연'은 좋은 날 좋은 술이나 진귀한 음식을 함께 나누고 은혜를 베푸는 연회라는 뜻을 품게 된 것입니다.

露(이슬 로)의 또 다른 뜻으로 '드러나다'란 의미가 있습니다. 공기 중 수증기가 찬 기운을 만나 이슬의 상태로 보이기 때문일 텐데요. 폭로(暴露), 노출(露出), 노숙자(露宿者), 노골적(露骨的) 등 이런 단어 속에도 露가 숨어 있었네요. 하나의 글자 속에 유사한 듯 이렇게 다양한 의미가 확장되어 쓰임을 알게 됩니다.

행복한 피로연을 마친 후 찾아오는 오는 육체 피로(疲勞)의 습격은 막을 수 없을 것 같습니다.

45. 만우절[萬愚節]

4월의 첫날이 바로 만우절입니다. 학창 시절 특히 교실에서 누군가를 골탕 먹이려고 애썼던 추억을 떠올리실 거 같은데요, 만우절은 왜 4월 1일로 정해지게 되었을까요?

만우절(萬愚節 일만 만, 어리석을 우, 마디 절)은 가벼운 거짓말로 서로를 속이며 즐기는 날로, 한자를 보면 '어리석다'의 뜻이 들어 있습니다. 남을 속이는 행동을 어리석다고 생각했을까요? 혹은 어리숙한 사람을 속일 수 있기에 이렇게 쓰게 되지 않았나 싶기도 합니다.

만우절 유래의 유력한 설은 멀리 프랑스에서 시작됩니다. 오래전 서양에서는 한 해의 시작을 부활절로 삼았는데, 보통 3월 말에서 4월 초 사이에 부활절이 시작되다 보니 새해의 시작점이 들쭉날쭉했던 것입니다. 이때 프랑스 샤를 9세가 그레고리력(양력)을 받아들임으로써 새해의 첫날을 1월 1일로 변경하게 되었습니다. 그러나 지금과는 달리 정보 전달이 느리고 원활하지 않았기 때문에 이런 중요한 변경 사항을 듣지 못했던 사람도 많았습니다. 안타깝게도 변경된 사실을 모르고 여전히 4월 1일에 새해를 맞이했던 이들을 내심 비웃기 시작한 것이 만우절의 기원이 되었다고 합니다. 고로 4월의 바보의 날(April Fools' Day)이 서양에서 시작하여 우리에게도 전해지게 되었네요.

조선 시대에도 만우절과 유사한 날이 있었다고 합니다. 바로 첫눈이 내리는 날! 첫눈 오는 날에는 다음 해 풍년을 기원하며 경사스러운 날이라 여겨 이날만큼은 신하들이 왕에게 가벼운 거짓말을 하거나 장난을 쳐도 눈감아 주었다고 합니다.

첫눈의 힘인가요? 눈에는 왕의 마음도 말랑말랑하게 만들어 주는 엄청난 힘이 있었나 봅니다. 따뜻한 미소가 지어집니다.

46. 납량[納涼]특집

 여름이면 등장하는 납량특집! 뜻은 아시겠지만 뭔가 발음도 어렵고 말이 품고 있는 의미도 쉽지 않은 이 '납량'은 과연 어떤 오싹한 뜻이 있을까요? 그냥 우리가 아는 뜻 그대로 '공포특집' 아니면 '오싹특집' 등 입에 쉽게 붙는 표현을 쓰는 것도 좋을 텐데 말이죠.

 사실 '납량'을 우리말로 표현하면 '서늘맞이'입니다. 한자를 보면 納涼(들일 납. 서늘할 량)으로 그 의미가 선명해집니다. 납(納)은 실(糸)과 안(內)이란 의미가 합쳐져 '천 조각에 물이 스며들다' 이런 뜻이고 의미가 확장되어 흡수하고 받아들인다 등의 뜻이 되었습니다. 고로 '납량'은 오싹함과 서늘함을 받아들인다는 의미인 것이죠. 무더운 여름이 되면 일부 영화나 방송에선 오싹한 장면을 만들어 심리적인 서늘함을 느끼게 해 주었는데, 무엇보다 '전설의 고향'이라는 오래전 텔레비전 프로그램이 떠오릅니다. 생각만 해도 오싹해지는 '납량특집'은 무더위를 잊게 하는 여름 특집으로 이젠 그 의미를 끄덕끄덕하며 받아들이게 됩니다.

더위를 피하는 방법 중에는 여름 휴가가 있는데 이것을 보통 '피서(避暑 피할 피, 더울 서)'라고 하죠. 지금이야 어디에 가든지 냉방 시설이 잘 되어 있어서 시원함을 만끽할 수 있지만, 과거 선조들은 찌는 무더위를 어떻게 피했을까요?

 다산 정약용 선생님은 63세이던 여름, 더위를 없애는 여덟 가지 방법인 〈소서팔사(消暑八事)〉를 기록으로 남기셨습니다. 솔밭에서 활쏘기, 느티나무 아래에서 그네 타기, 빈 누각에서 투호 하기, 시원한 대자리에서 바둑 두기, 서쪽 연못에 핀 연꽃 감상, 동쪽 숲에서 매미 소리 듣기, 비 오는 날 운을 뽑아 시 짓기, 달밤에 개울가에서 발 씻기! 정말 소박한 여름 나기죠.

 다산의 편안한 멋스러움과 풍류 가득함을 느끼게 됩니다.

47. 영수[領袖] 회담

'영수 회담'은 '대표 회담'으로 대체해도 무방한 말로, '한 나라에서 여당과 야당 총재들의 회담'을 뜻하는 말입니다. 여기서 '영수'는 친근한 누군가의 이름 같지만, 지도자 또는 우두머리를 뜻하는 말입니다.

영수 회담에서의 '영수'는 領袖(옷깃 영. 소매 수)로 옷깃과 소매를 뜻합니다. 평범한 옷깃과 소매가 어째서 우두머리란 뜻을 품게 되었을까요?

領(옷깃 령·거느릴 령)을 보면 옷깃은 목에 둘러 대어 여밀 수 있게 한 부분으로 옷 전체의 중심이자 핵심이라는 뜻을 담고 있습니다. 단정한 옷차림을 위해 제일 먼저 옷깃을 바로잡게 됩니다. 이런 의미에서 옷깃은 지도자를 뜻하며, 지도자의 역할인 '통솔하다'의 뜻이 담겨 있습니다. 그렇다면 소매는 어떨까요? 袖(소매 수)는 윗옷의 팔 끝을 가리키는 말입니다. 한복으로 생각하면 아주 의미 있는 부분이기도 합니다. 한복에는 소지품을 넣는 주머니가 따로 없었기 때문에, 간단한 소지품을 저고리 소매에 넣고 다녔습니다. 그러고 보니 '소매'는 주머니 역할까지 하는 중요한 부분이었던 것입니다. 한복 소매가 둥글면서 크게 나온 이유가 있었던 것입니다. 무엇보다 '옷깃(領)'과 '소매(袖)'의 공통점은 모두 의복에서 눈에 가장 잘 띄고 중요한 곳이라는 점입니다.

평범한 옷 속에서 이렇게 심오한 의미를 찾기 쉽지 않을 것 같은데, 옷깃과 소매는 이렇듯 '우두머리'를 상징하게 되었고, 지금까지도 '영수'라는 단어는 손색없이 사용되고 있습니다.

한 단어의 뜻을 이해하고 나니 선조들의 언어적 수사 능력이 놀랍기만 합니다.

48. 장안의 화제

'장안의 화제!' 여기서 장안은 시장 안이 아닌 지명(地名)입니다. 과연 어디이기에 이렇게 화제의 중심지가 되었을까요?

장안은 중국 내륙의 가운데 위치한 지금의 서안(西安)입니다. '장안'은 당(唐) 왕조 시대 세계 최대 규모의 도시이자 수도였고, 지금도 진시황릉과 병마용으로 아주 유명하죠. 또 당시 무역의 길이자 비단길이라고 불리던 실크로드의 출발점으로 동서양 문명의 중요한 연결고리였습니다. 국제적인 도시이다 보니 굉장히 많은 사람이 오고 갔습니다. 당연히 주목을 끄는 이야깃거리도 끊이지 않았을 겁니다. 이렇듯 세계적인 무역의 중심지였던 장안이 사람들의 관심사가 될 만한 수많은 이슈의 시발점이 된 것은 당연한 일입니다. 이런 시대적인 배경을 통해 '장안의 화제'는 지금까지도 많은 사람에게 관심받는 대상이나 사건을 이르는 말로 통하게 된 것입니다.

지명에서 유래된 성어 중 조선 시대에 유래한 말인 '함흥차사(咸興差使)'도 있습니다. 함흥차

사는 함흥 지방에 간 차사(임금의 일을 위해 파견된 벼슬아치)란 뜻으로 태종실록에 뿌리를 둡니다. 결국 한번 간 후 돌아오지 않거나 회답이 굉장히 더딘 상황을 빗대어 쓰이게 된 말이죠.

이성계의 다섯 번째 아들 이방원이 제2차 왕자의 난을 일으키고 왕위에 오른 모습을 보고 노여워한 이성계가 고향인 '함흥'으로 올라가 버립니다. 이에 마음이 편치 않았던 이방원은 어떻게든 아버지를 모셔오고자 차사(差使)를 보냈으나 오히려 죽임을 당하고 돌아오지 못하는 처지가 된 상황에서 '함흥차사'가 유래하게 되었습니다.

지명이 들어간 성어로는 '삼수갑산(三水甲山)'도 있습니다. 함경도의 힘한 고장인 삼수와 갑산을 가리키는 말로, '삼수갑산에 가는 한이 있더라도'라는 속담에서도 볼 수 있지요. 아무리 험난한 길이라도 반드시 해내겠다는 굳은 결심을 표현한 말입니다. 여기서 주의할 점이 있습니다. '산수갑산'이라고 잘못 말하는 경우가 있는데, 올바른 표현은 '삼수갑산'입니다.

49. 삼복 [三伏]

 무더위 하면 초복, 중복, 말복의 삼복이 떠오르고, 복날 하면 삼계탕이 떠오릅니다. 복날의 '복'은 어떤 의미를 품고 있을까요? 지치기 쉬운 무더운 날 복 받고 무사히 지내야 하니 福(복 복)일까요? 아니면 더위는 늘 변함없이 돌아오니까 復(돌아올 복)을 쓸까요?

 복날의 복은 바로 伏(엎드릴 복)으로 무더위에 사람이 굴복하게 된다는 뜻입니다. 복날은 여름철 중에도 가장 더운 시기로 그해의 더위를 잘 이겨내고 물리치기 위해 보양식인 복달임도 챙겨 먹습니다. 伏의 한자를 자세히 들여다보면 사람(亻)과 개(犬)의 조합으로 개가 사람에게 복종하는 모습에서 나온 말입니다. 이처럼 사람도 자연의 강력한 힘 앞에서 복종하고 굴복할 수밖에 없는 아주 더운 날을 뜻하게 된 것이죠. 지금이야 더위를 피할 수 있는 방법들이 많지만, 과거 선조들은 이 더위를 고스란히 당할 수밖에 없었을 텐데요. 삼복의 힘겨운 상황을 대변하는 속담이 있습니다. '삼복에는 입술에 붙은 밥알도 무겁다' 더위에 지쳐 아무런 의욕도 없는 모습이 속담을 통해 그대로 전해집니다.

복날은 사마천 사기(史記)에 처음으로 기록되어 있는데, 그 오랜 옛날에도 보양식을 챙겨 먹으며 무더위를 견뎠음을 알 수 있습니다.

삼복 기간에는 보통 열대야가 계속되는데요. 열대야(熱帶夜 더울 열, 띠 대, 밤 야)는 실외 온도가 섭씨 25도 이상 지속되는 더운 밤이란 뜻입니다. 帶는 띠라는 뜻이지만 '데리고 다닌다'라는 뜻도 있어서 낮의 더운 열기를 밤까지 데려와 이어진다라는 의미가 되겠습니다.

50. 퇴짜

 연애할 때 퇴짜맞으신 적이 있으신가요? 마음에 들지 않아 거부할 때 관용구로 '퇴짜를 놓다'가 있고 거부를 당하는 쪽은 '퇴짜를 맞다' 이렇게 표현합니다. 그렇다면 '퇴짜'는 어떤 의미에서 지금의 이런 뜻이 되었을까요?

 '퇴짜'는 퇴자(退字 물러날 퇴, 글자 자)에서 온 말로 뭔가 만족스럽지 못해 '물릴 때 쓰는 글자'란 뜻입니다. 오랜 옛날 사용했던 하나의 표식으로 유래는 조선시대로 거슬러 갑니다.

 그 당시 세금은 지역의 특산품을 올리는 것이었습니다. 이때 물건의 합격 여부가 바로 '퇴짜'를 받느냐 받지 않느냐로 판가름 나는 것이죠. 조정에 올려야 하는 특산품들의 품질이 나쁘면 어찌 되겠습니까. 고로 궁에는 특산품의 품질을 검사하는 검사원이 있었습니다. 물건을 꼼꼼히 살펴보고 상태가 양호하면 통과시켰지만, 물건이 좋지 않으면 물리게 하는 '퇴(退)'자 도장을 꽝! 찍어 다시 가져오라고 반품을 시켰던 것입니다. 먹고살기도 빠듯한 가운데 이렇게 나라에 바치는 것도 모자라 만약에 퇴짜까지 받는 상황이라면 백성들은 얼마나 기운 빠지고 그 상황을 감당하기 버거웠을까요. 감히 상상하기도 힘듭니다.

이렇듯 퇴짜는 어떤 기준에 부합하지 못할 때 흔히 쓰는데 또 다른 말로 합격(合格)과 불합격(不合格)도 있죠. 여기서 격은 格(격식 격)으로 규칙이나 뼈대, 틀이 됩니다. 고로 어떤 격에 부합할 때 바로 합격이 되는 것이죠. 이는 어떤 누군가의 기준일 뿐이란 생각도 듭니다.

합격과 불합격을 떠나 우리가 인격과 품격을 갖춘다면 더 깊이 있는 삶이 될 것 같습니다.

51. 입추(立錐)의 여지

 유명한 가수의 콘서트장처럼 많은 사람들로 꽉 들어찬 경우를 '입추의 여지가 없다' 이렇게도 표현합니다. 여기서 '입추'만 따로 떼어 놓고 생각하면 가을의 시작을 알리는 절기인 '입추'가 떠오릅니다. 입추는 본격적인 가을을 앞두고 준비 운동하는 것과 같은 모습이라고 상상했을까요? 立(설 립)에 秋(가을 추)네요. 그러나 '입추의 여지'에서는 立錐(설 립, 송곳 추)로 뾰족한 금속의 도구인 송곳이 서 있는 모습입니다. 그리고 여지(餘地 남을 여, 땅지)는 남는 땅이라는 뜻으로, 결국 풀이를 하면 '뾰족한 송곳 하나 꽂을 만한 면적조차 없이 사람들로 가득 차 있다' 이런 뜻을 담고 있는데, 이 말이 생기게 된 유래가 있습니다.

 중국 한 무제 때 이야기입니다. 한 무제는 영토를 넓힌 왕으로 유명하지만, 주변에 간신배들이나 탐관오리들이 들끓어 그 시기의 백성들이 살기 힘들었습니다. 이때 백성들은 송곳 하나 꽂을 만한 작은 땅조차 없음을 원통해 했습니다. '입추의 여지가 없다'라는 말은 원망이

섞인 힘든 삶을 표현한 것에서 유래하였습니다. 그러나 지금은 인산인해(人山人海)와 같은 뜻으로 빽빽하게 들어찬 인파를 뜻하는 말로 남게 되었네요.

송곳이란 한자를 떠올리니 낭중지추(囊中之錐)가 떠오릅니다. 사마천 사기(史記)에서 유래한 말로, 여기서 '낭'은 배낭(背囊)과 같이 주머니나 자루란 뜻입니다. 고로 주머니 속에 든 송곳을 뜻하는데요. 이는 재능이 아주 빼어난 사람은 숨어 있어도 저절로 남의 눈에 드러나게 됨을 비유하는 성어입니다.

내 분야에서 송곳과 같은 빼어남으로 빛나시길 응원합니다.

52. 현관(玄關)

'현관'은 매일 드나드는 곳으로 집 정문에 낸 문간을 뜻하죠. 내부도 외부도 아닌 애매한 장소로 정의하기도 합니다. 가정에서의 현관이라 하면 고된 일을 하는 바깥 장소와 편안한 장소로 구분 짓는 경계가 되기도 하는데요, 한자는 玄關(검을 현, 빗장 관)입니다. 현관이 어두컴컴해서 그럴까요? 왜 검을 현을 쓸까요?

玄은 '검다'라는 뜻도 있지만 '깊고 오묘하다'라는 뜻도 있습니다. '현관'은 불교에서 유래된 말로 '현묘한 도(道)로 들어가는 문'이라는 뜻입니다. 속세를 떠나 영원한 극락세계로 들어가기 위한 출발점이란 의미를 담고 있습니다. 한편 도교에서는 우주와 영원에 이르는 문이자 우주의 기본 원리를 찾아 들어가는 문이라고 합니다. 이렇듯 선조들은 현관을 깊고 오묘한 이치의 관문이자 참선으로 들어가는 어귀가 되는 곳이라고 생각했습니다. 그냥 드나드는 문 이상의 깊은 의미를 담고 있네요.

일상에서 쓰는 말 중에 이렇듯 불교의 깊은 의미를 담고 있는 말이 많은데, 그중 다반사(茶

飯事 차 다, 밥 반, 일 사)는 차를 마시고 밥을 먹는 일처럼 언제 어디서나 도를 닦고 수양할 수 있음을 뜻했습니다. 그런데 지금은 아주 일상적이고 흔한 일을 가리키는 말로 우리 입에 자주 오르내리게 되었지요.

이밖에 찰나(刹那)는 0.013초 정도로 시간의 최소 단위를 뜻하는 말이고, 나락(奈落)은 지옥을 달리 부르는 말로 도저히 벗어날 수 없는 극한 상황을 뜻합니다. 이렇듯 우리가 일상적으로 쓰는 말 중에서 불교에서 전래된 말들도 상당히 많음을 알게 됩니다.

53. 자반고등어

 간고등어 또는 소금에 절인 고등어를 '자반고등어'라고 하는데요. 여기서 자반은 고등어뿐 아니라 콩자반, 김자반도 있습니다. 밥도둑 같은 '자반'은 또 어떤 의미를 담고 있을까요?

 우선 자반은 생선을 소금에 절여 만들거나, 조금 짭짤하게 졸이거나 무쳐서 만든 반찬을 뜻하는데 우리나라에서는 15세기부터 이 말을 써 왔다고 합니다. 한자를 빌려서 적기도 했는데 원래는 佐飯(도울 좌, 밥 반)이었습니다. 밥을 맛있게 먹게 도와주는 밥도둑 같은 반찬이라는 의미의 '좌반'이 지금의 '자반'이 된 것이지요.

 飯(밥 반)이 들어간 단어 중에서 한 식품 회사의 상품으로 즉석 밥인 '햇반'이 있죠. 햇곡식으로 지은 밥(飯)이라는 의미가 바로 햇반입니다. 그냥 지어진 이름이 아니었네요.

 자반고등어 하니까 문득 '자린고비'가 떠오릅니다. 자린고비의 유래 중에서 '자인고비(慈仁考碑 인자할 자, 어질 인, 상고할 고, 비석 비)'가 있습니다. 충주에 살던 실존 인물인 '조륵'의 이야기로 천장에 굴비를 매달아 놓고 쳐다보며 밥 한

술찌끼을 먹을 정도로 평생 구두쇠로 살면서 돈을 모았답니다. 그런데 그렇게 아껴 모은 돈을 가뭄에 시달리는 백성을 위해 썼다고 하니 보통 분이 아닙니다. 조륵이 죽은 뒤, 마을 사람들은 그를 기리는 공덕비를 세웠는데 그 비석의 이름이 '자인고비'로 어버이같이 인자한 사람을 위한 비석이란 뜻이었네요. 훈훈한 '자린고비'의 유래로 전해집니다.

아껴서 내가 필요한 곳에 쓰는 것은 누구나 할 수 있습니다. 하지만 내가 모은 소중한 것을 어려운 누군가를 위해서 쓰는 삶은 쉽지 않습니다. 그렇기에 더없이 아름답고 소중한 것 같습니다.

54. 김치

한국 사람에겐 없어서는 안 될 김치! '김치'라는 말은 그야말로 순우리말 같은데 한자어에서 비롯되었음을 아시나요? 어원은 바로 침채(沈菜 잠길 침. 나물 채)입니다. 이 沈(침)에서 우리의 자랑 '김치'를 제대로 알 수 있답니다. 김치를 담그려면 우선 배추를 소금물에 잠기게 해 절입니다. 그런 모습에서 나온 沈菜(침채)가 김치의 원말이었습니다. 침채에서 딤채, 그리고 짐채에서 짐치와 김최를 거쳐 지금의 김치가 되었습니다. 한 전자제품 회사에서 김치냉장고의 이름을 '딤채'로 만든 이유가 여기에 있었던 것임을 알게 됩니다.

김치 하면 겨울에 먹는 동치미를 빼놓을 수 없죠. 동치미의 어원도 동침(冬沈 겨울 동. 잠길 침)이라는 한자어에서 유래되었답니다. 겨울에 먹는 김치라는 뜻에 '이'라는 접미사가 붙으면서 지금의 동치미가 되었네요. 시원한 동치미 국물에 국수를 말아 먹어도 맛있죠.

그리고 김치의 주 재료인 배추도 한자어에서 왔네요. 백채(白菜)라는 말에서 지금의 '배추'

가 되었는데, 나물 채(菜)에서 시간이 흘러 공통적으로 '추'로 바뀐 단어들이 있습니다. 상추와 부추가 이에 해당하는데요. 생채(生菜)가 지금의 '상추'로, 구채(韭菜 부추 구, 나물 채)가 '부추'가 되면서 우리가 식탁에서 자주 만날 수 있는 익숙한 채소들의 이름이 되었습니다.

익숙한 우리의 먹거리들이 이렇게 나름의 뜻을 품고 있었네요. 안다고 이런 채소나 김치가 더 생기는 건 아니지만 이렇게 알고 먹으면 또 재미있습니다.

55. 만두(饅頭)

 만두가게 주인이 가장 싫어하는 말이 혹시 무엇인지 아시나요? 바로 '속 터져'입니다. 만두의 속이 터지면 낭패죠. 우리가 즐겨 먹는 만두! 만두 속에는 만두소만 있는 것이 아니라 품은 의미도 있습니다. 바로 饅頭(만두 만, 머리 두)입니다. 만두가 동그란 머리 모양과 닮아서 머리를 뜻하는 한자인 頭(두)를 썼을까요? 만두의 유래 중 삼국지의 제갈공명과 관련된 이야기가 있습니다.

 제갈공명이 남만을 정벌하고 돌아오는 길에 큰 풍랑을 만나게 됩니다. 그 지역 사람들이 말하기를 "풍랑을 잠재우기 위해서는 재물로 사람의 머리 49개를 바쳐야 한다"라는 것이었습니다. 무고한 남만 사람의 머리를 바칠 수는 없었기에 제갈량은 역시나 지혜를 짜냅니다. 밀가루 반죽 속에 짐승의 고기를 넣어서 사람의 머리 모양처럼 동그랗게 빚어서 바쳤더니 사납던 강물이 잔잔해졌다고 합니다. 제갈공명이 만두를 발명한 건 아니지만 그가 살던 3세기에 만두가 크게 발달했다고 합니다. 제갈량이 속

임수로 사람의 머리인 것처럼 속여 만두를 빚었기 때문에 瞞(속일 만)의 '만두(瞞頭)'라는 설도 있습니다. 그러나 食(먹을 식)이 부수로 들어간 饅(만두 만)으로 지금까지 불립니다.

만두의 유래나 정설이 명확하지 않지만, 실크로드를 따라 퍼지면서 만두의 이름이 유사하게 전해짐을 알 수 있습니다. 중국에서는 만터우, 위구르에서는 만타, 카자흐스탄에서는 만티, 아프카니스탄에선 만투, 일본에선 만쥬, 우리나라에서 만두라고 부르는데요. 정말 명칭이 다 비슷비슷하죠?

말이라는 것도 유행처럼 흐르고 전해지며 정착한다는 것을 알게 됩니다.

56. 벽창호

'벽창호'라 하면 '흥부와 놀부'의 놀부가 떠오릅니다. 고집불통에 무뚝뚝하고 말이 통하지 않는 완고한 사람이죠. 고로 벽창호 하면 우선 단단한 벽에 창문을 내고 벽을 친 벽창호(壁窓戶)가 떠오를 수도 있습니다. 벽과 같이 소통이 불가하고 꽉 막힌 사람으로 생각할 수 있지만 단단한 벽과는 상관이 없습니다. 사실 이 '벽창호'란 말속에는 사람이 아닌 동물이 숨어 있습니다. 과연 어떤 동물이 벽창호의 주인공일까요?

벽창호는 '벽창우(牛 소 우)'라는 말에서 유래합니다. 결국은 이 말속에 소 한 마리가 숨겨져 있었네요. 평안북도에 '벽동'과 '창성'에서 키우던 소가 바로 주인공입니다. 이곳의 소는 힘이 세고 거칠기로 유명했기에 웬만한 농부가 다루기는 힘들었다고 합니다. 고로 이 '벽창우'는 '벽동'과 '창성'에서 자란 소처럼 힘도 세고 고집불통인 사람을 뜻하는 말이 되었습니다. 이 말이 확장되어 우둔하고 고집이 세 소통하기 힘든 사람을 의미하게 되었습니다.

벽창호를 알게 되니 자연스럽게 '황소고집'도 떠오르고, 또 옹고집(壅固執)은 어떤 의미일지 궁금해집니다. 옹고집은 융통성이 없다는 느낌이 강한데요. 옹고집의 옹은 壅(막을 옹)으로 옹졸하다, 옹색하다 등 에 쓰이는 한자입니다. 한자를 풀어 생각하면 생각이 막혀 유연하지 못하고 내 생각만 잡고 놓지 않는 그런 사람이 되겠네요.

 이런 고집불통(固執不通)의 사람을 만나면 얼마나 힘들지 생각만 해도 피곤이 몰려옵니다.

57. 쑥맥

 우리가 흔히 어리숙하고 세상 물정 잘 모르는 사람을 가리켜 '쑥맥'이라고 합니다. 특히 애정 표현에 어리숙한 사람을 뜻하기도 하는데요, 사실 쑥맥은 콩과 보리라는 뜻합니다. 쑥맥은 菽麥(콩 숙, 보리 맥)으로 사실 '숙맥'이 올바른 표현이 되는데요, 왜 흔히 먹는 이 콩과 보리가 왜 어리숙함을 나타내는 말이 되었을까요?

 숙맥은 숙맥불변(菽麥不辨)이란 성어에서 왔습니다. 여기서 불변은 '변하지 않는다'의 뜻이 아닌 辨(분별할 변)으로 '구별하지 못한다' 이런 뜻입니다. 고로 숙맥불변은 콩인지 보리인지 분별하지 못해 답답하다라는 의미로 확장되어 어리석고 못난 사람을 이르는 말이 되었습니다. '숙맥불변' 이 성어를 이해해야 쑥맥 그러니까 '숙맥'의 의미를 정확히 알게 됩니다.

 숙맥처럼 식물이 등장하는 성어가 참 많습니다. 과연 어떤 식물들을 비유했을까요?

 우선 '봉두난발(蓬頭亂髮 쑥 봉, 머리 두, 어지러울 난, 터럭 발)'은 쑥대머리란 뜻으로 생명력이 강한 쑥이 어지럽게 자란 모습처럼 머리털이 마구

흐트러짐을 뜻합니다. 그리고 대나무를 비유한 성어 우후죽순(雨後竹筍 비 우, 뒤 후, 대나무 죽, 죽순 순)이 있습니다. 비가 온 후 죽순이 여기저기서 막 올라오는 모습을 뜻하는데요, 일시에 어떤 일이 많이 일어나는 세찬 기세를 일컫는 말이죠.

또 뽕나무(桑)가 들어간 성어인 상전벽해(桑田碧海)도 있습니다. 뽕나무 밭이 푸른 바다가 되었다는 말로, 세상이 이전과 달리 몰라보게 변했음을 뜻합니다.

'상전벽해'와 같이 급변하고 변화무쌍한 요즘 세상에서 어리바리 '숙맥'이 되지 않도록 노력해야겠습니다.

58. 고주망태 · 해장

과음으로 정신을 가누지 못하는 상태를 '고주망태'라 하는데요. '고酒(주)망태' 당연히 酒(술 주)가 떠오르지만 술은 아닙니다. 이 말은 술과 관련된 물건에서 유래하는데, 과연 무엇을 비유했을까요?

고주망태의 고주는 '고조'라는 말에서 왔습니다. '고조'는 술을 거르거나 짜는 틀 또는 항아리를 말합니다. 그리고 망태는 술 거르는 틀 위에 올려놓은 망태기였습니다. 술을 거르는 고조와 그 위에 놓인 망태기는 언제나 술에 절어 있기 마련입니다. 고로 망태기가 술에 절어 있는 모습처럼 몹시 취해 헤롱헤롱 정신을 못 차리는 사람을 비유적으로 '고주망태'라고 부르게 된 것입니다. 말이 시간을 거치며 부르기 편한 발음으로 자연스럽게 변화함을 알게 됩니다.

그렇다면 애주가들이 좋아할 만한 성어 하나를 알려 드리겠습니다. '백약지장(百藥之長)'을 아시나요? 이는 '술'을 달리 이르는 말로 온갖 뛰어난 약 가운데서 가장 으뜸이라는 뜻입니다. 아마도 적당히 마시고 내 마음이 즐거우면 그야말로 약이 될 수도 있겠죠. 하지만 반대로 과한 술은 백해무익(百害無益)합니다. 이로울 것이 없다고 전문가들은 충고합니다.

고주망태가 되도록 술을 많이 마신 다음 날에는 '해장'해야겠죠? 속을 달래 주고 풀어 준다는 의미의 해장! 해장 하면 시원한 콩나물국과 함께 속을 풀어 주니 解(풀 해)를 떠올리셨을 겁니다. 맞습니다. 그렇다면 '장'은 자연스레 속을 풀다의 의미로 腸(창자 장)이 맞지 않을까 싶은데 아닙니다. 장은 숙취를 뜻하는 醒(숙취 정)이란 한자입니다.

고로 장이 아닌 숙취를 풀다가 바로 해정(解醒)! 해정의 발음이 어려웠는지 해장으로 굳어지게 되면서 지금의 '해장'이 되었습니다. 시원한 '해장국'으로 숙취 해결하세요!

59. 조바심 · 노파심 [老婆心]

 조마조마하여 마음을 졸이고 편치 않을 때 쓰는 '조바심'은 과연 어떤 모습을 비유한 말일까요? 우선 비슷한 말로 노파심이 있습니다. '노파'는 늙은 할머니란 뜻으로 노파심(老婆心)은 걱정 많은 할머니의 마음처럼 지나치게 염려하는 마음을 뜻합니다. 그렇다면 '조바심'도 노파심처럼 당연히 心(마음 심)일 것 같은데 과연 그럴까요?

 조바심은 노란 좁쌀인 '조'와 '바심'으로 이루어진 말로 한자어가 아닙니다. '바심'은 순우리말로 곡식의 낱알을 거두는 일을 뜻하는 타작이나 탈곡(脫穀)과 유사한 말이 되겠습니다. 고로 '조바심'은 조를 털어 내고 낱알을 거둬들이는 일이었는데 왜 지금의 불안한 심리 상태를 담고 있는 조마조마한 마음의 표현이 되었을지 의문이 생깁니다.

 오래전에는 좁쌀을 거둬들이는 일이 생각만큼 쉽지 않았다고 합니다. 조를 수확하는 과정에서 조의 귀가 질겨 낱알이 잘 떨어지지 않아 막대기로 두들기고 돌을 굴리는 등 온갖 방법을 동원해야만 했던 것이죠. 그런데 들인 시간과 노력에 비하면 수확량이 턱없이 부족했기에 먹을 것이 부족했던 그 옛날 얼마나 애가 타고 마음을 졸였을지 짐작이 갑니다. 결국 조의 탈곡 과정에서 비롯된 말인 '조바심'은 일이 마음대로 되지 않아 조마조마하고 불안한 마음을 뜻하는 말이 되었습니다.

조바심처럼 한자어가 아닌 말로 애타는 심리 상태를 나타내는 말 중 '안달이 나다'가 있습니다. 안달은 '안이 달아오르다'입니다. 우리 몸의 '안'을 뜻하고요. '달'은 달아오르다. 이런 의미로 속을 태우고 매우 조급하게 굴 때 자주 쓰는 표현입니다.

알고 보니 우리말이 참 귀엽게 느껴집니다.

60. 낭만(浪漫)

 '낭만적이다' 하면 구속 없는 자유로운 감수성과 감미로운 분위기가 떠오릅니다. 우선 낭만의 한자는 浪漫(물결 랑, 질펀할 만)인데, 낭만을 한자 사전으로 검색해 보면 '로망을 일본 음으로 적은 한자어'라고 되어 있습니다. 낭만과 로망이 이렇게 연결되는데요. '로망'은 프랑스어 roman과 영어 romance에서 온 외래어입니다. 이렇듯 낭만과 로망, 로맨스는 아주 긴밀한 관계이자 같은 줄기에서 왔으며 세 단어의 공통점은 바로 이탈리아 수도인 로마(Roma)입니다.

 사실 '로망'은 중세 유럽의 통속 소설을 뜻합니다. 인간이 실현하고 싶은 사랑이나 욕망, 또는 무용담을 소재로 하였고, 영어 '로맨스'와 같은 뜻으로 남녀 간의 사랑 이야기를 뜻하기도 합니다. 당시 낭만주의가 붐을 이루었고 고전 라틴어 대신 통속 라틴어인 '로마어'로 그리고 구어체 방식으로 쓴 것이 특징입니다. 고로 '로마'가 공통점이 되는 것이죠.

 그렇다면 유럽에서 시작된 이 말이 우리나라에는 어떻게 전해졌을까요? 일본의 유명한 소설가이자 영문학자가 이 '로망'을 한자로 음역하기 위해 '로망'과 비슷한 발음을 찾았는데, 일본어 발음 '로만'과 유사한 단어가 바로 낭만(浪漫)이었던 것이죠. 한국어의 발음으로는 '로망'의 의미와 관계없이 '낭만'이라고 읽기 때문에 로마나 로망과 관련이 있다는 것을 알기는 쉽지 않습니다.

 사실 낭만(浪漫)이란 말에는 오래전부터 '제멋대로 하다'라는 뜻이 담겨 있었으나 그 뜻을 넘어 '로망'의 감미롭고 감상적인 뜻으로 정착되었음을 알 수 있습니다.

61. 귀감(龜鑑)

 '귀감'은 본받을 만한 모범이나 본보기를 뜻하는 말로 교훈으로 삼을 만한 사람이나 가르침을 뜻합니다. '귀감'의 한자를 들여다보면 龜鑑(거북 귀, 거울 감)으로 거북과 거울인데 본보기가 되는 것과 거북은 과연 어떻게 연결될까요?

 장수를 상징하는 거북은 아주 오랜 옛날 우주를 뜻하는 동물로, 둥근 등딱지는 하늘을, 배딱지는 평평한 대지를 품고 있는 신령스러운 존재이고 신의 뜻을 잘 전달해 주는 동물이라고 믿었습니다. 고대 중국에서는 거북 딱지의 균열로 점괘를 봤습니다. 이를 신이 주는 메시지로 여겨 균열이 좋으면 길조로 여기고, 그렇지 않으면 흉조로 여겼습니다. 한자에도 그 점괘의 균열을 뜻하는 글자가 있는데 바로 '卜(점 복)'이고, 여기에 점괘를 풀이해 주는 입을 넣어 占(점칠 점)이 되었네요. 이렇듯 거북은 나라의 미래나 자신의 운명을 예측하는 도구로써 그 점괘의 결과를 잘 따라야 함은 물론이고 이는 중요한 본보기가 되는 것입니다.

 감(鑑)은 거울을 뜻하지만 거울이 있기 전에는

오목한 곳에 물을 담고 물에 비친 자신의 모습을 보았을 것입니다. 오랜 후 거울이란 도구를 통해 조금 더 선명하게 자신의 모습을 비춰 보았을 텐데요. 이 거울을 통해 외적인 모습뿐 아니라 자신의 내면까지도 비춰 볼 수 있다는 믿음이 생기면서 거울은 아름다움과 추함을 판단하는 도구로 인식하였습니다. 이렇듯 '귀감' 속 거북과 거울은 올바른 판단과 행동을 이끄는 본보기가 되었고, 그 의미가 지금까지 이어지게 되었습니다.

  나는 누군가에게 어떤 본보기가 될 수 있을지 곰곰이 생각해 봅니다.

62. 병신육갑[病身六甲]

 입에 담기 힘든 말이자 조상 대대로 내려온 욕 중 하나인 '병신육갑'은 과연 어떤 의미를 품고 있길래 지금까지 욕으로 쓰이는 것일까요?

 '병신'은 병든 몸을 뜻합니다. 또는 온전하지 않을 상태를 뜻하거나 누군가를 조롱할 때도 쓰는 말입니다. 그렇다면 육갑은 무엇일까요?

 우선 2025년은 '을사년(乙巳年)' 푸른 뱀의 해입니다. 그렇다면 해마다 이 이름은 어떻게 만들어지는 걸까요? 아주 오랜 옛날 시간은 순환한다고 믿었습니다. 열 개의 하늘의 기운과 십이지(十二支)라는 땅의 기운을 상징하는 열두 동물이 맞물려 조합을 이루게 되면 60개 세트가 완성됩니다. 이렇게 60년이라는 큰 시간의 축이 완성되는데, 선조들은 이 시간이 돌고 돈다고 생각하였던 것이죠. 2025년은 이렇게 하늘의 기운인 '을(乙)'과 땅의 기운 중 뱀을 상징하는 '사(巳)'가 만나서 을사년이 된 것입니다. 맨 먼저 갑자(甲子)년부터 시작하기 때문에 '육십갑자(六十甲子)'라 했는데, 이를 두 글자로 '육갑'이라고 했던 것입니다.

  예전에는 이 60개의 조합을 술술 외웠던 사람도 많았다고 합니다. 그러나 보통 사람들은 이 육십갑자를 외운다는 것이 상당히 힘들었을 겁니다. 고로 남을 비아냥거릴 때나 능력이 부족한 사람인 것 같은데 자꾸만 나서는 모습으로 못마땅할 때 그 사람을 조롱하는 말로 '병신육갑(病身六甲) 한다' 이렇게 말했던 것입니다. 육갑은 이렇게 '육십갑자를 다 외운다는 것은 말도 안 돼!' 이런 조롱의 뜻에서 나온 말이 되겠습니다.

  그러나 내가 감히 누군가를 비하하고 조롱할 수 있는지 나를 더 들여다본다면 함부로 욕을 입 밖에 내는 일은 쉽지 않을 것입니다.

63. 아령(啞鈴)

 근육 운동할 때 손쉽게 쓰는 운동 기구 중 하나인 '아령'이라는 말속에는 과연 어떤 재미있는 뜻이 담겨 있을까요?

 아령의 모습을 떠올려 보면 가운데는 손으로 잡을 수 있는 막대처럼 되어 있고 양 끝은 무게감이 있는 동그란 모양이 방울 모양과 비슷합니다. 한자를 살펴보면 아령은 啞(벙어리 아)에 鈴(방울 령)으로 우리 말로 풀어보면 '벙어리 방울'이란 뜻입니다. 보통 동그란 방울은 딸랑딸랑 소리를 내지만 아령은 침묵으로 일관한 모습이기에 '벙어리 방울'이 되었네요. 우리가 운동기구로 쓰는 '아령' 속에 생각지도 못한 귀여운 뜻이 숨어 있음을 발견하게 됩니다.

 그렇다면 이 표현은 어디서 시작 되었을까요? 아령을 영어로 '덤벨(dumb-bell)'이라고 하잖아요, 'dumb'은 언어 장애를 뜻하기도 하지만 '소리가 나지 않는다' 이런 의미도 있습니다. 고로 '덤벨'을 동양권에서 번역하면서 지금의 '아령(啞鈴)'으로 만들어지게 된 것입니다.

 덤벨(dumb-bell)의 어원은 서양 중세시대로 거

슬러 올라갑니다. 전쟁을 치르던 기사들은 싸울 힘이 필요했기에 근육을 강화하는 것이 무엇보다 중요했습니다. 당시 효율적인 운동기구가 없었기에 다양한 쓰임새가 있던 교회의 종이 무게감도 있기에 운동에 적격이었던 것입니다. 시끄러운 소리의 주범인 추를 떼고 종을 들어 올렸던 모습에서 '덤벨(소리나지 않는 종)'이란 단어가 탄생해 지금까지 이어지고 있네요. 또 역기는 바벨(Bar-bell)이라 하죠. 풀어 말하면 '막대기 종'으로 같은 맥락입니다.

이렇듯 말이라는 것이 시공간을 넘나들면서 우리에게까지 전해짐을 알 수 있습니다.

64. 무데뽀

 우리는 흔히 상대가 좀 부족하다고 생각될 때 '바보'라고 낮잡아 부르는 데요. '바보'는 원래 '밥보'에서 왔습니다. 밥만 축내고 아무것도 할 줄 모르는 사람을 뜻하는 말이었네요. 그리고 '얼간이'는 얼이 나간 사람처럼 변변치 못해 보이는 모습에서 비롯되었습니다. '무데뽀'는 대책 없이 함부로 덤비는 사람이나 그런 사람의 태도를 말하는데 그렇다면 이 말은 어떤 상황에서 왔을까요?

 무대뽀 하니까 어딘가 초토화시키는 대포가 떠올랐나요? 무대뽀의 어원은 일본 한자어인 무철포(無鐵砲)에서 왔습니다. '철포가 없다'는 뜻인데, 여기서 철포는 일본 조총으로 결국 조총이 없다는 뜻입니다. 그런데 왜 지금의 '무데뽀'가 되었을까요?

 오래전 일본은 표류하던 포르투갈 배를 통해 조총을 처음 접하게 되었습니다. 그러나 조총의 단점 때문에 조총을 쓰지 않던 부대를 '무데뽀' 부대로 부르게 되었죠. 이와 반대로 조총을 적극적으로 활용한 쪽은 '데뽀' 부대인데 오히려 조총의 성능을 키웠을 뿐만 아니라 조총을 잘 활용하였습니다. 이런 상황에서 두 부대가 맞붙었을 경우 결과는 뻔하지 않을까요? 무데뽀 부대가 참패를, 조총 부대인 대뽀 부대는 승리를 맛보았을 겁니다.

이런 배경 속에서 비롯된 말인 '무데뽀'는 결국 막무가내로 덤벼드는 무모한 모습을 뜻하게 된 것이죠. 무데뽀 하면 떠오르는 성어가 바로 도무지 어찌할 수 없다는 '막무가내(莫無可奈)'입니다.

막무가내로 내 고집만 피우기보다는 상황을 깊이 볼 수 있는 지혜와 상대방의 입장도 헤아려 줄 수 있는 여유가 있다면 좋겠습니다.

일상 속 말들과
표현 속의
깊은 의미

65. 회자(膾炙)되다

 사람들 입에 자주 오르내리고 전해지는 상황을 두고 '회자되다'라고 합니다. 그렇다면 이 '회자'라는 말은 과연 어떤 뜻을 품고 있을까요?

 '회자'가 의미하는 것은 아주 맛있는 음식이죠. 많은 사람들이 좋아하는 음식인데 과연 무엇일까요? 바로 '날고기(회)와 구운 고기(산적)'입니다. 맛있는 음식은 자주 먹고 싶고 더 자주 찾게 됩니다. 이 뜻이 지금은 칭찬받을 만한 좋은 일로 사람들의 입에 오르내리게 된다는 뜻이 되었습니다. 이렇듯 어떤 일이 관심을 받고 이슈가 되어 사람들 입에 자주 오르내리게 될 때 '인구(人口)에 회자(膾炙)되다'라고 이야기하는 것입니다.

 膾는 날고기를 얇게 썬 것입니다. 보통 육회나 생선회가 있죠. 얇게 썰었으니 그것들을 잘 모아 접시에 담아 먹는다는 뜻으로 생각하면 되겠습니다. 또 炙(고기 구울 자·적)은 구운 고기로 제사 때 흔히 볼 수 있는 산적(散炙)에서 이 한자를 찾아볼 수 있습니다. 길쭉하게 썰어 양념해서 꼬챙이에 꽂아 구워 먹는 음식이죠. 이 두 음식을 비유하여 칭찬을 받으며 사람들 입에 오르내린다는 말이 바로 '회자되다'가 된 것입니다. 그런데 칭찬이 아닌 비난을 받는다면 '회자'라는 말 대신 '구설(口舌)'을 넣은 '구설에 오르다', '구설을 듣다'가 적절한 표현이 되겠네요.

이렇듯 말속에는 우리가 생각지 못한 뜻이 함축되어 있는 경우가 많습니다.

66. 상투[常套]적

'상투' 하면 뭐가 가장 먼저 떠오르세요? 옛날에 어른이 되었음을 상징하는 것! 혹시 사극에서 장가든 남자가 정수리에 동여맨 머리인 상투가 스치시나요? 주식에 투자하는 분들에게 더없이 반가운 상투(최고로 오른 주식 시세)를 떠올리신 분도 계실 듯합니다. 그런데 '표현이 상투적이다' 할 때의 '상투'는 과연 어떤 의미를 담고 있을까요?

보통 월급이 너무 적다고 느껴질 때 우리는 흔히 '쥐꼬리 만한 월급이다' 하며 쥐꼬리를 언급하죠? 이런 익숙한 표현을 쓰는데요, 이렇듯 어떤 상황에 따른 뻔한 표현을 '상투적이다'라고 합니다. 여기서 상투는 常套(항상 상. 씌울 투)라는 뜻으로, 늘 익숙하게 써서 나도 모르게 몸에 익어 버릇이 되다시피 한 것을 말합니다. 추운 겨울에 이불 뒤집어쓰고 있는 모습이 떠오르시나요? 이런 의미를 품고 있기에 상투적인 표현이라 하면 새롭지 못하고 진부하고 또 식상하게 들리는 것입니다. 여기서 '상투'와 유사한 표현인 '식상'에는 또 어떤 속내가 있을지 살펴보는 것도 재밌겠습니다.

　새롭지 못해 진부한 것처럼, 식상(食傷 먹을 식, 다칠 상)은 어떤 음식을 자주 먹어 물릴 때 혹은 어떤 일이 되풀이되어 질리는 상황을 뜻합니다. '식상'은 일본식 한자에서 유래한 말로 '식상하다' 보다는 물리다, 질리다, 싫증나다 이 표현을 쓰는 것도 좋을 것 같습니다.

　나도 모르게 쓰는 상투적이고 식상한 말과 행동보다 조금은 참신하고 새로운 것을 알아 가는 노력을 통해 나를 한 단계 끌어올리는 것도 기분 좋은 일이라 생각됩니다.

67. 정곡(正鵠)・장사진

 우리 말에 동물을 비유해 만든 것이 많습니다. 우선 '정곡'은 가장 중요한 핵심이나 요점을 비유해서 쓴 말로 과녁의 한가운데 점을 뜻합니다. 正鵠(바를 정, 고니 곡)은 원래 새와 관련이 있습니다. 정(正)은 매우 민첩하고 영리해서 활을 쏘아도 좀체 맞추기 힘든 새고, 곡(鵠)은 백조(고니)인데 아주 높이 멀리 날기 때문에 여간해서 화살을 쏘아 맞히기가 참 어려웠을 겁니다. 그래서 과녁 중에 가장 맞히기 힘든 정중앙을 새의 이름을 따서 '정곡'이라고 부르게 된 것입니다. 우리가 흔히 쓰는 표현 '정곡을 찌르다'는 핵심을 지적해 감정을 세게 자극한다는 뜻도 포함되어 있음을 알게 됩니다.

 '응시(鷹視)' 또한 새와 관련이 있습니다. 이 말은 우리나라 천연기념물인 '매'를 품고 있죠. 사물을 날카롭게 바라본다는 뜻으로 사냥감을 뚫어지게 노려보다가 기회다 싶으면 순식간에 내려와 낚아채는 매의 날카로운 시선에서 비롯된 말입니다.

 '장사진을 치다'에서 '장사진(長蛇陣)'은 또 어

떤 동물과 관련이 있을까요? 바로 '뱀'입니다. 뱀의 긴 모습을 본떠서 많은 사람이 길게 줄지어 있는 모습을 뜻하는데, 손자병법에 나오는 전술 용어입니다.

장사진 하니 자연스레 학익진(鶴翼陣)도 떠오릅니다. 학익진은 학이 날개를 편 듯이 치는 진으로, 한산도 전투에서 "학익진을 펼쳐라!"라는 힘 있는 외침과 함께 대승을 이끄신 우리의 성웅 이순신 장군! 그분이 떠오릅니다.

68. 시쳇말

'시쳇말'은 시체와 말이 결합된 단어입니다. 여기서 '시체'는 우리가 생각하는 시체일까요? '시쳇말'에는 과연 어떤 의미가 담겨 있을까요?

시체 하면 먼저 죽은 사람의 몸을 떠올리게 되는데요. 그런 뜻은 아닙니다! 여기서 '시체'는 時體(때 시, 몸 체)로 그 시대의 풍습이나 유행하는 말을 뜻합니다. 고로 '시쳇말'은 유행어 또는 요샛말로 바꿔 말할 수 있는데요. '널 처음 보는 순간, 시쳇말로 뿅 갔어' 이렇게 쓸 수 있겠죠.

이렇듯 '시체'처럼 한글로는 같으나 반대 뜻을 가진 단어들이 참 많습니다.

예를 들어, '그 팀 3연패를 했어'라는 말을 들으면 의미가 알쏭달쏭합니다. 연패(連敗 패할 패)인지 연패(連霸 으뜸 패)인지 알 수 없기 때문입니다. 연패(連敗)는 '계속 지는 것'을 뜻하고, 연패(連霸)는 같은 종목의 경기에서 잇달아 우승한 것이나 '계속 승자의 권력을 유지하는 것'을 뜻합니다. 결국 술어를 보면 그 의미를 더 정확히 알 수 있는데요. 계속 질 때는 '연패의 늪에 빠졌다', 계속 우승했을 때는 '연패를 달성했다' 이렇게 문맥 속에서 정확한 의미를 파악할 수 있습니다.

방정(方正)도 있습니다. '이 사람의 품행이 방정하여 이 상장을 수여함'에 방정은 말이나 행동이 바르고 점잖음을 뜻하지만, '방정맞다', 혹은 '방정을 떨다' 할 때는 경망스러운 언행이나 그런 행동을 하는 사람을 가리킵니다. 이렇게 '~맞다', '~떨다'와 같이 부정적인 어감의 술어가 붙으면 원래의 의미와 반대로 뜻이 바뀜을 알 수 있습니다.

비슷한 예로 '주책'은 원래 주착(主着)으로 뚜렷한 주관을 뜻하는데, '주책 맞다'는 일정한 줏대가 없이 되는 대로 한다는 의미임을 알 수 있습니다.

고로 말은 끝까지 잘 들어야겠습니다.

69. 절찬리(絕讚裡)

'절찬리 상영 중' 또는 '절찬리 판매 중' 이런 표현 많이 들어 보셨죠? 여기서 '절찬리'는 과연 어떤 의미를 품고 있을까요?

'절찬리(絕讚裡 끊을 절, 기릴 찬, 속 리)'의 뜻은 바로 '칭찬 가운데 있다'입니다. 여기서 '절'은 絕(끊을 절)인데 왜 '끊다'의 의미인지 잘 와닿지 않습니다. 자세히 들여다보면 絕이란 한자는 '으뜸' 또는 '극도에 이르다'란 의미도 품고 있습니다. 고로 '절찬리'는 최고의 찬사 속에 그러니까 더할 나위 없는 칭찬 속에 있음을 뜻하는 말이 된 것입니다.

으뜸이란 뜻이 들어간 다른 단어를 살펴보면, 비교할 만한 상대가 없을 때 '절대적(絕對的)이다' 이런 표현을 씁니다. 그리고 절세미인(絕世美人)에는 세상 누구와도 비할 수 없을 만큼 빼어난 미인이라는 뜻이 담겨 있습니다. 절경(絕景)은 더할 나위 없이 훌륭한 경치를 뜻하는 말로 쓰입니다.

'절찬리 상영'과 관련하여 슬며시 떠오르는 표현이 바로 '개봉박두'입니다. 개봉박두(開封

迫頭)는 영화의 공개 시점이 임박했음을 알리며 긴장감을 조성하기 위해서 썼던 표현으로, '개봉'은 그야말로 봉해졌던 필름 상자를 열어 새 영화를 상영하는 일이고, '박두'는 예정된 사건이나 시기가 가까이 닥쳐왔음을 뜻하는 말이 됩니다.

'개봉박두'는 1920년대 말부터 무성영화 바람이 불기 시작했을 당시 유행한 말로, 소리가 없었기 때문에 목소리를 입혀 주는 변사가 능수능란하게 연기를 끝내고 다음 영화를 선전하기 위해 '기대하시라, 개봉박두!' 이렇게 외쳤던 것입니다.

70. 재미와 흥미(興味)

'한자의 깨알 재미'가 제 유튜브 채널명인데요. 여기서 '재미'는 우리가 흔히 쓰는 표준어로 그 의미를 잘 알고 있습니다. 너무나 익숙한 단어라 의심의 여지도 없이 쓰고 있는데 이 말 속에 숨은 한자 뜻이 있습니다. 과연 무엇일까요?

'재미'의 옛말은 15세기 문헌에서부터 나옵니다. 어원은 한자어인 '자미(滋味 불어날 자, 맛 미)'인데요, '자미'의 원래 뜻은 '양분 많고 좋은 맛' 또는 '무럭무럭 자라게 하는 맛'이란 뜻으로 이 의미가 확장되어 지금의 '재미'가 되었습니다.

만약 장사하는 사람이 '내가 재미 좀 봤어'라고 한다면 돈의 '자미'를 본다는 뜻으로, '돈을 벌었다' 이런 의미가 되겠습니다. 재미와 흥미는 비슷한 듯 좀 다른데, 대입해 보면 둘의 차이를 느낄 수 있습니다. 흥미(興味 일어날 흥, 맛 미)의 興은 흥겹다 또는 어떤 대상에 마음이 끌리다 이런 뜻으로 한자 속에는 '함께 마주 든다'라는 의미를 품고 있습니다. '함께하니 흥이 나다', '기쁘다'라는 의미에서 파생되어 흥미는 기쁜 맛, 흥을 느끼는 맛이 되겠습니다. 고로 '장사에 흥미가 있다'라고 하면 돈을 벌었는지 아닌지는 알 수 없지만 '장사를 의욕적으로 기쁘게 한다'라는 뜻으로 재미와 약간의 차이가 있음을 알게 됩니다.

살면서 어떤 일에든 흥미와 재미가 있어야 사는 맛이 납니다. 내가 하는 일에 흥미가 붙으면 하지 말라고 해도 하게 되고, 또 흥미가 자라나면서 불어나는 맛인 '재미'가 있으니 잘할 수밖에 없는 것이 아닐까 싶습니다.

각자의 삶 속에서 나를 성장시키는 흥미와 재미를 발견하는 것이야 말로 즐겁고 행복한 삶을 사는 첫 번째 조건이 아닐까 생각하게 됩니다.

71. 젬병 · 문외한[門外漢]

 젬병은 형편없는 것을 속되게 표현한 말입니다. '젬병' 하니 설마 맛있는 과일잼을 떠올리셨나요? 과일잼은 아니지만 '젬병'도 먹는 것과 관련이 있습니다. 어떤 말에서 비롯되었을까요?

 어떤 분야에 소질이 없을 때 젬병이라는 표현을 쓰는데요, 오랜 옛날부터 지금까지 자주 해먹는 음식인 부침개를 떠올리시면 되겠습니다. 흔히 파전, 김치전, 해물전 처럼 밀가루를 묻혀 기름에 지진 음식을 '전'이라 하잖아요, 이 '전'의 한자가 煎인데, 젬병은 전병(煎餠 달일 전, 떡 병)에서 나온 말입니다. 전병은 순우리말로 부꾸미라고 하죠. 잘 부치면 먹음직스러운 예쁜 모양이 되지만 보통은 주름지거나 갈라진 형편없는 모양이 되기 쉽습니다. 이렇듯 '젬병'은 전병의 형편없는 모습에서 발음이 변화해 '젬병'이 되었고, 지금은 실력이 없거나 형편없는 모습을 뜻하게 되었습니다. 어떠한 것에 있어서 제대로 해결하지 못하거나 전문성이 없을 때 그 분야의 '젬병'이다. 이렇게 말하게 된 것이죠.

젬병과 비슷한 말로 '문외한'이 있습니다. 어떤 일에 대한 전문적인 지식이나 조예가 없고 익숙치 않은 사람을 문외한이라고 하죠. 한자를 살펴보면 門外漢(문 문, 바깥 외, 나라 한)인데 문밖에 있는 사람이란 뜻으로, 문밖에 있으니 문안의 사정은 당연히 모를 것입니다. 漢은 원래 종족 이름을 뜻하지만, 여기서는 사나이 또는 놈이라는 뜻으로 사람을 뜻합니다. 고로 '문외한'은 '문밖에 있는 사람'이란 의미로 어떤 일에 관계가 없거나 전문 지식이 없는 사람을 뜻하는 말이 된 것이죠.

그렇다면 '파렴치한'과 '무뢰한'의 '한'도 같은 의미일까요? 맞습니다. 여기서 '한'도 사람을 뜻하는 말로, 파렴치한 사람, 무뢰한 사람이란 의미가 되는 것이죠.

이처럼 '한(漢)'이라는 글자 하나에도 사람을 평가하는 시대의 눈길이 담겨 있는 셈입니다.

72. 파충류[爬蟲類]·양서류[兩棲類]

양서류와 파충류는 동물을 분류할 때 쓰는 말로 너무나 익숙합니다. 그러나 이 말속의 의미를 알게 되면 고개가 절로 끄덕여집니다.

우선 가장 고등한 동물인 인류(人類 사람 인, 무리 류)는 사람의 무리를 뜻하고 포유류(哺乳類)로 새끼를 낳아 젖을 먹여 키우는 무리로 분류됩니다. 사람은 항상 체온이 일정하게 유지되는 항온 동물이고 조류(鳥類)도 항온 동물에 속합니다. 반대로 체온이 상황에 따라 변화는 동물을 변온 동물이라고 하는데요. 물속의 어류에서 출발하여 양서류와 파충류로 진화하게 됩니다. '양서류' 하면 폴짝폴짝 뛰는 개구리가 생각나는데요. 한자를 들여다보면 兩棲類(두 량, 서식할 서, 무리 류)로 '물과 땅 양쪽에서 서식한다' 이런 뜻을 품고 있습니다. 우리 말로 '물뭍동물'이라고 하는데 어류가 진화된 것임을 알 수 있죠. 물과 땅을 오가며 생활해야 하기에 피부가 얇고 매끈매끈한 특징이 있습니다.

파충류 하면 뱀과 거북이, 악어 등이 떠오르는데요. 한자는 爬蟲類(긁을 파, 벌레 충, 무리 류)로 기어다니는 동물을 뜻합니다. 오래전에는 벌레라는 개념에 양서류나 파충류까지 포함되었습니다. 거북이도 물뭍동물이지만 양서류와의 가장 큰 차이점은 양서류는 물에서 알을 낳고 파충류는 육지 생활에 더 진화하였기 때문에 육지에서 알을 낳는다는 것입니다. 육지 생활에 더 잘 적응해야 했기 때문에 피부도 두꺼울 뿐 아니라 비늘로 덮여 있습니다.

파충류와 양서류 두 단어를 파헤쳐 보니 동물의 분류가 좀 더 명확해집니다.

73. 애로(隘路) 사항

 '애로' 하면 야한 장면 또는 愛(사랑 애)를 떠올리실 것 같은데요. 성적인 자극이 있는 에로영화, 또는 에로틱하다의 '에로'는 발음은 같지만 영어 erotic에서 온 말로 '애로'가 아닌 '에로'가 맞는 표현입니다. 그렇다면 '애로 사항'은 과연 어떤 한자를 품고 있을까요?

 선정적인 '에로'와는 느낌이 다른 '애로'죠. 이 말에는 '좁고 험한 길'이라는 뜻이 있습니다. 한자를 보면 그 뜻이 명확해지는데요. 바로 隘路(좁을 애, 길 로)입니다. '순탄치 않은 길'이란 의미로 일을 진행함에 어려움이 있고 평탄치 않은 상황을 '애로'라고 합니다. 곤란한 고비를 가리키는 말인 애로는 '애로 사항'으로 많이 쓰죠. 어떤 일을 진행하는 데 있어 장애가 되는 항목이 있을 때, 이런 곤란함이나 어려움을 우리가 흔히 '애로 사항'이라고 하는 것입니다.

 애로와 유사한 말이 '장애'인데요. 장애는 障礙(막을 장, 거리낄 애)라는 한자를 통해 알 수 있듯, 어떤 일을 진행함에 있어 가로막힌 불편함이 있을 때 또는 충분한 기능을 못 하는 일이나 상황을 '장애'라고 부르게 된 것입니다.

이런 장애가 생기면 곤란한 상황이 될 텐데요. 곤란(困難 곤할 곤, 어려울 난)은 힘든 상황을 뜻합니다. 困(곤)을 갇혀 있는 나무에 비유했네요. 넓은 공간에서 무럭무럭 자라야 하는 나무가 어떤 틀에 갇혀 있다면 얼마나 힘들고 답답할까요. 困은 이런 의미로 힘겹고 어려운 상황을 뜻합니다. 또 몸과 마음이 지치면 '피곤(疲困)'이 몰려오죠.

피곤을 방치한다면 더 큰 곤란을 만들 수 있으니 조심해야겠습니다.

74. 탈[頉]·흠[欠]

 누구나 탈 없는 삶을 원하고 흠이나 결점 없는 것들을 좋아합니다. 그러나 때론 '탈'이 날 때가 있고 '흠'이 있는 물건을 마주하게 됩니다. 한 글자인 탈과 흠은 순우리말 같은데 과연 어떤 뜻을 품고 있을까요?

 '탈'은 뜻밖의 일이나 걱정할 만한 사고 또는 몸에 생긴 병을 말하는데요. 체했을 때 배탈이 났다고 하고, 술 마신 뒤 생기는 술탈도 있습니다. 여기서 '탈'은 한자 頉(탈날 탈)에서 유래합니다. 사실 탈(頉)이라는 한자는 우리나라에서 만들어진 순수 한자로 이를 국자(國字)라고 합니다. 한자 문화권 국가에서 자체적으로 만들어 사용하는 한자를 뜻합니다.

 '흠'은 다들 아시듯 사람의 부족한 점이 될 수가 있고 물건의 깨진 부분이나 상한 자국을 뜻하기도 합니다. 여기서 흠은 欠(하품 흠)으로 입을 쫙 벌리고 하품하는 모양입니다. 사실 하품은 졸리거나 산소가 부족할 때 나오잖아요. 그런 의미가 확장되어 결함을 뜻하는 흠이나 부족함, 또는 돈이 부족하여 생기는 빚 등 다양한 의미로 쓰이게 되었습니다. 한자 한 글자의 확장 범위가 엄청나네요. 이렇듯 흠은 결점이나 상처를 뜻하지만 한자를 통해 거슬러 올라가니 산소 부족으로 생기는 하품을 만나게 됩니다. 알면 재밌습니다.

또 비슷한 말로 '하자'가 있죠. 하자는 瑕疵(허물 하, 허물 자)로 瑕(허물 하)는 원래 옥의 얼룩진 흔적이나 작은 깨짐이라는 뜻이고 흠집을 이르는 말이 되었습니다. 완벽한 상태에서의 작은 흠이 있을 때, 이를 일컬어 '옥에 티가 있다'라고 합니다. 따라서 '하자'는 그런 의미로 이해해도 좋을 것 같습니다.

탈과 흠, 그리고 하자는 되도록 멀리하시면 좋겠습니다.

75. 긴가민가

 그런지 그렇지 않은지 분명하지 않을 때 쓰는 말들이 많습니다. 우선 '갸우뚱'은 '물체가 한쪽으로 기울어 비뚤다'라는 뜻으로 '갸울다'란 말에서 왔습니다. 의심이 되거나 잘 모를 때 고개를 한쪽으로 기울이면서 '잘 모르겠다' 이런 뜻을 몸짓으로 표현한 말입니다. 알쏭달쏭은 알 듯 말 듯 '얼른 분간이 안 되는 모양'을 뜻할 때 쓰죠. 그렇다면 이 '긴가민가'는 어떤 한자 뜻을 품었길래 지금의 뜻이 되었는지 말이 품고 있는 속뜻을 살짝 들춰 보겠습니다.

 '긴가민가'의 원말은 바로 '기연가미연가(其然가未然가 그것 기. 그럴 연. 아닐 미. 그럴 연)'입니다. '기연가'는 그런가, '미연가'는 그렇지 아니한가로 풀어 보면 '그것이 그렇게 되었는지 그렇지 아니한지' 이런 뜻의 말로, 이를 줄여 '긴가민가'가 된 것이고요, 비슷한 말로 '기연미연'으로 쓰기도 합니다.

 우리가 어떤 상황에서 아무리 '긴가민가' 생각해도 정말 명확하게 알 수 없을 때가 있잖아요. 이럴 때 '도저히 모르겠다' 이렇게 표현하조. 여기서 '도저히'는 到底(도착 도, 밑 저)로 '끝까지 가 보다' 이런 뜻으로, 아무리 하여도 어떻게 해도 모르겠다 이런 의미가 되겠습니다. 또 긴가민가 '어차피' 모르겠다 할 때, 여기서 '어차피'는 於此彼(어조사 어, 이 차, 저 피)로 '이렇게 하나 저렇게 하나' 이런 뜻이 됩니다. 즉, '이렇게 해도 저렇게 해도 알 수가 없다!'라는 의미로 쓰입니다.

긴가민가할 때는 돌다리도 두드리는 심정으로 신중하면 좋겠습니다.

76. 야[冶]하다

'야하다'의 사전적 의미는 '천하게 아리땁다'로 정의되어 있습니다. 우리의 평범한 생각 속에서 야한 것은 수수하지 않고 화려한 모습으로 그려집니다. '야하다'의 '야'는 과연 어떤 한자를 품고 있을까요?

여기서 '야'는 두 가지의 뜻을 가집니다. 하나는 野(들 야)로 야생의 것, 다듬어지지 않은 날 것의 의미가 있고요. 다른 하나는 冶(풀무 야)로 대장간에서 쇠를 녹이기 위해 불을 피울 때 바람을 일으키는 기구를 뜻합니다. 풀무의 의미가 확장되어 꾸미다, 장식하다를 넘어 요염하다의 의미까지 품는데 어째서 이런 의미가 되었을지 궁금합니다.

야금(冶金)은 광석에서 금속을 골라내어 다양한 금속 재료를 만드는 과정을 말하고, 이런 기술을 야금술(冶金術)이라고 합니다. 특히 우리 선조들의 뛰어난 '야금술'로 고조선의 청동 기술에서 삼국 시대의 금속 예술로 이어지며 꽃을 피웠던 역사적 사실도 떠오릅니다.

그럼 풀무 야(冶)를 '야하다'와 어떻게 연결할

수 있을까요? 대장간에서 탄생한 번쩍이고 아름다운 금속이 떠오릅니다. 처음에는 보잘것없는 투박한 광석이나 쇠붙이일 뿐이었던 것이 이런 금속 장식으로 변하고, 그것으로 한껏 꾸미고 치장한 모습에서 '요염하다' 뜻으로도 확장되어 '冶(야)하다'의 의미까지 만들어지게 된 것입니다.

또 야용(冶容 풀무 야. 얼굴 용)이란 말이 있습니다. 이는 '얼굴을 요염하게 꾸미고 단장하다'는 뜻으로, 이를 통해 '야하다'의 의미를 조금 더 선명히 알게 됩니다.

그런데 문득 야하다는 것의 기준은 무엇일까 궁금해집니다. 표현이 자유로운 세상에서 야함의 기준은 참 애매모호합니다.

77. 섭씨(攝氏)·화씨(華氏)

열을 측정하는 단위에는 섭씨와 화씨가 있습니다. 보통 '섭씨' 온도를 세계적으로 널리 사용하고 있는데, 얼음의 녹는점을 0℃, 물의 끓는점을 100℃로 정하여 100등분한 온도 체계입니다. '섭씨' 온도는 스웨덴 학자인 '셀시우스'가 고안했습니다. 재미있게도 '섭씨'는 그의 이름과 관련이 깊습니다. '셀시우스'를 한자로 바꾼 이름이 바로 섭이수(攝爾修)인데, 그의 이름을 그대로 사용한 '섭씨'에는 바로 '섭이수 씨(氏)가 만든 눈금'이란 뜻이 담겨 있는 것입니다. 사실 영어로 셀시우스도(Celsius degree)라고 하니 이것을 동양에서 한자식 이름으로 바꿔 쉽게 부르기 위함임을 알게 됩니다.

그렇다면 '화씨'는 어떨까요? 화씨는 미국에서 쓰고 있는 단위인데, 독일학자인 '파렌화이트'가 고안한 것입니다. 이번에도 그의 이름과 관련이 있죠. 파렌화이트를 한자로 바꾼 것이 화륜해(華倫海)이고, '화씨'는 그의 성을 따서 '화씨(氏)가 만든 온도 단위'라는 뜻이 된 것입니다.

만약 이 온도 체계를 우리나라 과학자가 만들었다면 김씨온도, 이씨온도가 되었을지도 모르겠습니다. 이처럼 말이 만들어진 속내를 알고 되니 재밌습니다.

익숙한 단어인 '보이콧'과 '샌드위치'도 사람 이름에서 유래합니다. '보이콧'은 19세기 아일랜드에 대기근이 덮쳤을 때 생겨난 말로, 소작농들은 지주인 '찰스 커닝햄 보이콧'을 찾아가 어려움을 호소하며 도움을 요청합니다. 그러나 보이콧은 그들의 청원을 거절하였죠. 이에 소작농들이 똘똘 뭉쳐 저항한 배경에서 불매 운동의 대명사인 '보이콧'이 유래하게 됩니다.

'샌드위치'는 18세기 영국의 군인이자 정치가의 이야기에서 유래를 찾을 수 있습니다. 일설에 따르면, 샌드위치 가문의 4대 백작인 '존 몬태규' 백작은 밥 먹을 시간조차 아까워 간편한 식사 대용의 음식을 만들어 먹었습니다. 그렇게 시작된 음식이 그의 이름을 따서 지금까지도 우리에게 익숙한 '샌드위치'가 된 것이라는 주장입니다.

78. 수작(酬酌)·짐작(斟酌)

  우리가 흔히 '수작부리지마!' 이렇게 말하곤 하는데요. 여기서 수작은 酬酌(갚을 수, 술 부을 작)으로 술잔을 주고받는 모습에서 생겨난 단어입니다. 오래전엔 술병과 잔이 도자기로 되어 있어서 술이 얼마나 남았는지 잘 보이지 않았습니다. 고로 상대방의 잔에 술이 얼마나 남았는지를 눈치껏 잘 헤아려야 했죠! 서로 술잔을 주고받으며 상대를 헤아리게 되었고, 이 뜻이 확장되어 술을 권하는 행동이 조금 과하면 엉큼한 속셈이 되었습니다. 고로 지금은 '수작'이 꾀를 부리다 또는 꿍꿍이라는 뜻으로 사용됩니다.

  '짐작'도 술을 따르는 모습에서 온 말입니다. 짐(斟 술 따를 짐)은 술잔에 넘치지 않게 따르는 것이고, 작(酌 술 부을 작)은 흘러 넘치도록 많이 따르는 것으로, 결국 꼼꼼히 따져 보고 살펴 가장 알맞은 것을 골라 결정할 때 제대로 '짐작'하게 되는 것이죠. 이렇듯 '짐작'은 술을 모자라지도 넘치지도 않게 따라 주는 행동을 뜻하는 말입니다. 상대의 잔을 잘 헤아려 술을 따르는 것처럼 어떤 상황을 충분히 헤아려서 생각하고 행동할 때 바로 '짐작'이란 단어를 쓰게 된 것입니다. 이렇듯 술 부을 작(酌)은 단순히 술잔을 따르는 동작을 넘어서, 관계와 태도를 담아냅니다. 추가로 마주 앉아 술을 주고받는 것을 '대작(對酌)하다', 그리고 자기 스스로 잔을 채우는 것은 '자작(自酌)하다'라고 표현하지요.

우리는 짐작을 잘 하여 현명하게 행동하되 허튼 수작은 부리지 말아야겠습니다.

79. 추파(秋派)

추파는 이성에게 관심을 끌기 위해 은근히 보내는 눈길을 뜻하죠. 이 '추파' 속에는 어떤 속뜻이 들어 있을까요?

'추파를 보내다'에서 이성에게 보내는 추잡한 시선과 같은 눈빛으로 醜(추할 추)를 떠올리신 건 아닐까요? 추파는 秋派(가을 추, 물결 파)로 원래는 가을날 강물의 잔잔한 물결의 아름다움이란 뜻이고, 이 말은 당나라 시인 이백의 시에서 맨 처음 쓰였다고 합니다. 그런데 이 물결을 보며, 마치 슬며시 사람의 감정을 자극하여 유혹하는 눈짓이나 눈빛을 떠올리게 되면서 지금의 뜻으로 굳어졌네요. 지금 우리가 알고 있는 추파는 이성의 관심을 끌기 위해 보내는 눈빛의 의미로 18세기부터 사용되었고, 이런 의미를 넘어 남의 환심을 사려고 아첨하거나 알랑거리는 태도와 기색까지 추파(秋波)라고 이르게 되었습니다.

추파 이외에 秋(가을 추) 하면 떠오르는 성어들이 많습니다. 이번에는 두 글자 성어인 '추선'을 소개하겠습니다. 추선(秋扇 가을 추, 부채 선)은 가을 부채란 뜻으로 철이 지나 당장 쓸모없는 물건이란 뜻도 있지만, 버림받은 여인을 비유한 말이기도 합니다. 부채가 여름에는 요긴하게 쓰이나 가을에는 쓸모가 없듯, 한때는 사랑했던 사이지만 결국 남자의 사랑을 잃게 된 여인을 뜻합니다. 황제의 총애를 받던 후궁 '반여첩'이 총애를 잃고 난 후 쓴 시에 나옵니다.

'여름날 유용했던 부채가 가을이 되니 장롱 속에 버려지는 신세가 되었구나.'

'추선'은 여인의 한과 슬픔이 담긴 시에서 유래한 성어입니다. 가을은 이렇듯 다양한 감정이 요동치게 만드는 계절이 아닐까 생각됩니다.

80. 자외선(紫外線)

 태양빛이 강렬해지면 우리는 자외선으로부터 피부를 보호하고자 자외선 차단제를 바르는 등 신경을 씁니다. 우리가 흔히 언급하는 자외선과 적외선이란 말은 과연 어떤 의미일까요? 이 단어들의 힌트를 드리자면 무지개색과 관련이 있습니다.

 오래전에는 모든 빛이 흰색이라고 생각했습니다. 그러나 만유인력의 법칙을 밝혀 낸 뉴턴이 빛과 색깔에 대한 새로운 이론도 이끌어 냅니다. 프리즘이라는 기구를 통해 빛을 굴절시킬 때 무지개색이 나타나는 것을 관찰하고 햇빛이 여러 색의 혼합체임을 증명하게 된 것이죠. 비 온 뒤 무지개를 통해 우리는 빛의 색을 눈으로 확인할 수 있게 됩니다.

 태양 빛 중에서 무지개색처럼 우리가 눈으로 볼 수 있는 광선을 '가시광선(可視光線)'이라고 합니다. 그러나 사실 우리 눈에 보이지 않는 빛의 범위가 훨씬 넓습니다. 보이지 않는 광선 중 우리에게 익숙한 적외선과 자외선 등이 있는 것이죠.

가시광선 영역 바깥쪽 좌우에는 적외선과 자외선이 있는데, 자외선은 보라색(자색)과 관련이 있고, 적외선은 붉은색(적색)과 관련이 있습니다. 자외선(紫外線 보라 자, 바깥 외, 선 선)은 영어 UV(ultra violet)이라는 단어로도 알 수 있듯 보라색 영역 바깥에 있는 광선이고, 적외선(赤外線 붉을 적, 바깥 외, 선 선)은 붉은 영역 바깥에 있는 광선이란 의미가 됩니다.

이렇듯 우리가 쓰는 말속의 한자를 자세히 들여다보고 풀어 보면 고개가 절로 끄덕여집니다. 어떤 대상에 대한 인식을 반영함으로써 그 말이 의미하는 바를 조금은 선명하게 알게 되는 재미가 있습니다.

81. 총각[總角]과 처녀[處女]

 사람의 어떤 나이대를 특별히 지칭하는 용어들이 참 많습니다. '총각과 처녀'도 그중 하나인데요. 어떤 뜻을 품고 있길래 지금의 뜻이 되었을까요? 우선 '총각' 하면 남자 중에서도 미혼인 사람이 떠오르고, 또 동그란 모양의 총각무와 맛있는 '총각김치'도 떠오릅니다. 재미있게도 총각과 총각무는 같은 한자를 쓰고 있었네요.

 오래전 남자가 결혼하면 어른이 되었다는 뜻으로 상투를 틀고 갓을 썼습니다. 그러나 결혼 전에는 댕기 머리라고 하여 양 갈래 혹은 하나로 길게 땋아 내린 모습을 사극을 통해 자주 볼 수 있었습니다. 반면 오래전 중국에서는 남자아이 머리를 뿔 모양으로 동그랗게 동여맸는데요, 뿔처럼 묶은 머리라는 뜻으로 總角(묶을 총, 뿔 각)이란 단어가 만들어지게 된 것입니다. 총각무도 여러 가지 설이 있지만, 자세히 살펴보면 보통의 무보다는 양쪽 끝이 약간 더 볼록한 모습입니다. 그 옛날 총각의 그런 머리 모양과 유사하다는 이유로 '총각(總角)무'라는 이름이 지어진 것이지요.

'처녀'도 우리 고유어 같은데 알고 보니 處女(곳 처, 여자 예)란 한자어였습니다. 處는 '거래처'처럼 어떤 장소를 뜻하지만, 여기서는 결혼하지 않고 아직 친정집에 '머물다' 이런 뜻으로 '처녀'가 되었습니다. 처녀를 대신할 수 있는 호칭 중 아가씨는 애기씨에서 온 말이랍니다. 예전에 처녀를 높여 이르던 말 중에 '낭자(娘子 여자 낭, 아들 자)'도 있고, 또 남의 집 처녀를 정중하게 부르는 말로 '규수(閨秀 안방 규, 빼어날 수)'도 있습니다.

호칭도 이렇게 나름의 다양한 뜻을 품고 누군가의 이름 대신 불렸음을 알게 됩니다.

82. 기라성(綺羅星)

'기라성' 같은 분이라 하면 먼저 권력과 명예가 있는 소문난 분들이나 관록 있는 톱스타가 떠오릅니다. 기라성이 품은 한자를 보니 綺羅星(비단 기, 벌일 라, 별 성)으로 비단과 같은 밤하늘에 펼쳐져 반짝이는 무수한 별을 비유하는 말인데, 일본말에서 비롯된 한자어입니다.

간단히 말해 우리말의 '빛난 별'이 바로 '기라성'인데요, 이는 우선 일본어인 '기라카라'에서 왔습니다. '기라카라'는 우리말로 '반짝반짝'이란 뜻인데 여기에 한자 星(별 성)을 붙여 반짝이는 별이 되었고 이것을 일본어로 '기라보시'라고 말합니다. 이 '기라보시'를 한자로 연결한 단어가 바로 '기라성'이 된 것입니다.

이렇게 일본에서 건너와 우리에게 익숙해진 '기라성'이라는 말 대신 '빛난 별'이라고 하면 좋을 것 같죠? '쟁쟁한' 또는 '내로라하는' 이런 표현으로도 대체 가능할 것 같습니다.

우선 '쟁쟁한'의 쟁(錚 쇳소리 쟁)은 징과 같은 쇳소리를 뜻하는데, 쇳소리를 뜻하는데, 왜 뛰어남을 의미하게 되었을까요? 쇳소리는 멀리

퍼지고, 들으면 시선을 끌죠. 이처럼 뛰어난 인물도 주변 사람들의 주목을 받으니 '쟁쟁하다'라는 말이 생기게 되었고, 금속이 번쩍 빛나듯 눈에 띄게 빛나는 재능이나 기품을 가진 사람을 묘사할 때도 쓰게 된 것입니다. 고로 '쟁쟁하다'는 본래 쇳소리가 맑고 크게 울리는 모습에서 출발해서 오늘날에는 '여럿 중에서도 두드러질 만큼 뛰어나다'라는 의미로 굳어졌습니다.

또 '내로라하다'는 '어떤 분야에서 대표할 만하다'라는 뜻이므로 이 표현도 좋을 것 같습니다.

내로라하는 인재들과 쟁쟁한 인물들이 각계각층에서 활약하여 대한민국의 저력을 보여 줄 수 있길 바라 봅니다.

83. 엽기(獵奇)

'엽기'는 비정상적이거나 괴이한 물건이나 상황에 흥미를 느끼고 찾아다닌다는 뜻인데요. 엽기 하면 오래전 선풍적인 인기를 끌었던 영화 '엽기적인 그녀'와 캐릭터 '엽기토끼'가 떠오릅니다. 사실 이 단어는 사어(死語)처럼 사라져 버린 듯 쓰지 않았는데, 최근 2000년도를 전후로 하여 이상한 합성 사진 등을 만들어 괴이한 것을 즐기는 분위기가 붐을 이루면서 강시처럼 되살아났습니다. 야릇하고 음산한 분위기에서 뭔가 예상치 못한 재미를 찾는 말이자 참 엉뚱하고도 놀랍다는 의미를 품은 말로 쓰이는 듯 합니다.

결과적으로 엽기(獵奇 사냥 렵, 기이할 기)는 낚아채는 사냥의 의미보다 실질적으로 기이함(奇)을 강조하기 때문에 '엽기적'이란 표현은 '기이한'이란 말로 바꿔도 대체로 통하게 되는 것입니다. 성어 중에 '너무 괴상하고 기이하여 느낌이 좋지 않다'라는 뜻의 '기괴망측(奇怪罔測)'이 '엽기'를 대변하는 말이 아닐까 싶습니다.

하나 더! 사냥할 때 쓰는 총을 우리는 엽총(獵

銃 사냥 렵, 총 총)이라 부르고, 사냥의 다른 말은 '수렵(狩獵 사냥할 수, 사냥할 렵)'이 되겠습니다. 오랜 세월 선조들은 수렵과 채집을 통해 생계를 이어 갔지만, 지금은 인간의 욕심으로 인한 수렵으로 수많은 야생 동물들이 멸종의 위기에 있습니다.

 허가를 받지 않고 몰래 하는 사냥이 바로 밀렵(密獵 비밀 밀)이 되는데요. 밀렵꾼들의 무분별한 사냥이야말로 '엽기'를 떠올리게 합니다.

84. 신기루[蜃氣樓]

'신기루'는 순우리말 같으나 한자어입니다. 그렇다면 새로운(新) 기루인가? 기루는 또 뭐지? 이런 생각이 스쳐 지나갑니다. '신기루'는 대기 속 빛의 굴절에 의한 착시나 환상 효과인데, 그렇다면 아주 오랜 옛날 신기루는 어떻게 비춰져서 만들어진 말일까요?

신기루라는 말속에는 상상의 동물이 들어가 있습니다. 한자를 살펴보면 蜃氣樓(이무기 신, 기운 기, 누각 누)로 이무기가 내뿜는 기운이라는 뜻이 있습니다. 蜃은 큰 조개를 뜻하기도 하지만요, 전설상의 용을 뜻합니다. 그러나 아쉽게도 어떤 저주로 인해 용으로 승천하지 못하고 물속에 남아 살게 된 상상 속 동물로 뿔 없는 용의 모습과 유사한 큰 구렁이를 상상하면 되겠습니다. 옛사람들은 바다 위에 나타나는 신기루 현상을 보고 이무기가 토해 낸 기운이 뭉쳐져 만들어진 거대한 누각과 같다고 상상했는데 그것이 글자에 그대로 반영되어 있습니다.

이렇듯 신기루는 실체가 없는 환상의 세계처럼 빛이 보여 주는 마술을 떠올리게 합니다. 단어를 통해 선조들의 풍부한 상상력도 엿볼 수 있는 것입니다.

신기루를 다른 말로 해시(海市)라고도 합니다. 바다 위에 떠 있는 도시처럼 보이기 때문이랍니다. 또 성어로는 '공중누각(空中樓閣)'이라고 합니다. 이는 공중 떠 있는 누각이란 뜻으로 아무런 근거나 토대가 없는 사물이나 생각을 비유적으로 이르는 말이죠. 비슷한 의미로 모래 위에 세운 허술한 누각을 뜻하는 '사상누각(沙上樓閣)'도 떠오릅니다.

겉모습보다는 기초와 내실이 튼튼해야 무엇이든 지속 가능한 힘이 생김을 다시 새겨 봅니다.

85. 즐비(櫛比)

 길게 또는 빽빽하게 늘어선 모습을 뜻하는 '즐비'는 고층 건물이 즐비하다, 자동차들이 즐비하다 이렇게 쓰이는데요. 이 '즐비'라는 말이 상징하는 물건이 있습니다. 과연 무엇일까요?
 정답은 '머리빗'입니다. 그중에서도 빗살이 아주 가늘고 촘촘한 빗인 '참빗'입니다. 즐비의 한자는 (櫛比 머리빗 즐, 견줄 비)로, '많은 것이 빗살과 같이 촘촘하게 늘어서 있는 모습'을 '즐비하다'라고 하는 것이죠.
 그렇다면 여기서 관련 있는 퀴즈 하나를 내보겠습니다. 신석기 시대를 대표하는 유물로 '빗살무늬 토기'가 있습니다. 기하학적인 무늬가 있는 V자 모양의 토기인데요, 이 빗살무늬를 두 글자의 한자로 줄이면 무엇일까요? 바로 '즐문토기'입니다. 빗살이라는 뜻의 즐(櫛)과 무늬를 뜻하는 문(紋)이 들어가 이렇게 '즐문토기'로도 부른답니다.
 이어서 떠오르는 단어가 있는데 '비견'입니다. '앞서거니 뒤서거니 하지 않고 서로 비슷한 위치에서 가늠하다'라는 뜻입니다. 한자는 比

肩(비교할 비, 어깨 견)으로 '어깨를 나란히 하다' 또는 어깨를 견주다'라는 뜻이 되겠습니다. 비교하는데 왜 다른 부위가 아닌 어깨일까요?

과거에 어깨는 바로 그 사람의 자신감을 상징했기 때문입니다. 우리가 자신이 있을 때 어깨가 딱 벌어지고 힘이 느껴지는데, 그 어깨의 모습을 통해 자신감을 비교한다는 뜻에서 '비견'이란 말이 되었습니다.

앞으로는 어깨를 딱 펴고 당당하고 자신 있게 맡은 일을 펼쳐 나가시길 응원합니다.

86. 고무(鼓舞)적

 '고무' 하면 말랑말랑한 고무가 먼저 떠오르시죠? 그렇다면 '고무적이다'의 '고무'는 어떤 말이길래 '격려하여 용기를 북돋는다' 이런 뜻이 되었을까요? 한글로는 어떤 뜻인지 유추하기가 쉽지 않기에 숨어 있는 한자를 찾아 살펴보면 이해가 쉽습니다.

 북을 치며 흥을 돋우는 모습을 떠올려 보세요. '고무'는 鼓舞(북 고, 춤출 무)로 북의 장단에 맞추어 춤추는 모습입니다. 둥둥 북소리만 들어도 절로 흥이 나는 그런 모습을 상상할 수 있습니다. 이런 의미에서 힘을 내도록 용기와 의욕을 북돋는 모습을 '고무적이다' 이렇게 표현하게 된 것입니다.

 그렇다면 유사한 표현으로 '고취시키다'의 고취는 또 어떤 의미일까요?

 鼓吹(북 고, 불 취)에는 똑같이 북이 들어가는데 북을 치고 피리를 부는 모습입니다. 힘을 내도록 격려하고 용기와 기운을 북돋아 주는 모양에서 시작하여 '의견이나 사상 따위를 강하게 주장하여 불어넣는다'는 뜻도 내포되어 있습니다.

鼓(북 고) 하니까 바로 '고복격양(鼓腹擊壤)'이란 고사성어가 떠오릅니다. '배를 두드리고 흙덩이를 친다' 이런 의미로 배불리 잘 먹은 후 자기 배를 두드리고 기분이 좋아 땅을 치며 박자에 맞추어 노래하며 즐거워한다는 뜻입니다. 매우 살기 좋은 시절인 태평성대를 의미하죠.

우리도 배 두드리고 흙덩이를 칠 수 있는 태평성대를 기대해 봅시다.

87. 눈이 침침(沈沈) · 백발이 성성(星星)

　나이를 먹을수록 눈은 '침침'해지고 머리는 백발이 '성성'해지기 마련입니다. 이럴 때 앞날이 '창창'하고 전도유망한 청년들이 부럽기도 하지만, 나이를 잊고 꿈에 도전하시는 어르신들의 활력 넘치는 모습이 회자되어 소문이 '자자'해지고 그런 이야기에 마음이 '훈훈'해집니다.

　여기서 '침침', '성성', '창창', '자자' 그리고 '훈훈'은 중첩어인데 어떤 뜻을 담고 있을까요?

　눈이 침침하다! 여기에서 침은 沈(잠길 침)입니다. 잠기다, 침몰하다의 뜻이 기본이지만 이 의미가 '원기를 잃다, 오래되다'라는 뜻으로도 확장되었습니다. 그리고 점차 눈이 '침침하다'는 이렇게 '沈沈하다'가 되었습니다.

　그렇다면 백발이 '성성하다'의 성성은 과연 무엇을 비유한 말일까요? 머리가 희끗희끗한 모습을 아름다운 별에 비유하였습니다. 星(별 성)은 별이라는 뜻과 함께 별이 밝게 빛나는 모습을 일컫는 말로까지 확장되었습니다. 그래서 사람의 머리가 '희끗희끗하다'라는 의미도 있는 것입니다. 백발을 반짝이는 별에 비유한 것이 시적이죠? 나이 듦의 자연스런 모습이 참 아름답고 품격 있게 느껴집니다.

앞날이 '창창하다'는 蒼(푸를 창)을 씁니다. 나무나 바다가 매우 푸르다는 뜻 이외에 나아가야 할 길이 멀고도 아득하다라는 뜻이 담겨 있네요.

소문이 '자자하다'의 '자자'는 藉(깔 자)입니다. 깔개나 자리처럼 소문이 널리 쫙 퍼져 있는 모습으로 떠들썩하다는 뜻이 남게 되었습니다.

마지막 '훈훈하다'는 薰(향초 훈)으로 향초처럼 은은한 향내를 내뿜 듯 마음을 부드럽게 녹여주는 따스함을 뜻하는 말입니다.

마음 훈훈한 일들이 많이 생기면 좋겠습니다.

88. 서랍

 책상이나 문갑 따위에 끼웠다 뺐다 하게 만든 뚜껑 없는 상자를 '서랍'이라고 합니다. 서랍의 원말은 '설합'이라는 한자어에서 왔지만 시간이 흐르면서 자연스레 '서랍'이라는 표준어로 정착했습니다. 그러면 설합은 어떤 한자에서 온 말일까요?

 우선 '서랍'은 끼워 넣었다 다시 뺄 수 있는 것이 가장 큰 특징이죠. 그 모습을 상상하며 한자를 유추할 수 있습니다. 힌트는 우리 신체 중 이런 기능을 하는 부위가 있는데, 어디일까요? 날름날름 쑥 내밀었다 쏙 집어넣을 수 있는 부위, 바로 '혀'입니다. 혀의 움직이는 모양과 흡사하여 舌(혀 설)과 음식 등을 담는 통을 뜻하는 한자인 盒(합 합)이 만난 설합(舌盒)이 원래의 뜻이었네요. 단어를 통해 선조들의 감각과 눈썰미를 엿보는 재미가 쏠쏠합니다.

 '썰매'는 또 어떤 뜻에서 온 말일까요? 겨울에 눈 위를 미끄러져 이동하는 수단이자 놀이기구 중 하나죠. 썰매 속에 한자가 있으리라곤 의심도 해 보지 않았는데 썰매는 바로 '설마'에서 온 말입니다. 그러니까 눈 위의 말이라는 뜻의 雪馬(눈 설, 말 마)가 썰매의 어원이 됩니다. 설마!

마지막으로 아이들이 재미로 하는 '장난'은 作亂(지을 작, 어지러울 난)으로 상황을 어지럽게 만드는 것을 뜻하는데요. '작란'이 지금의 '장난'으로 변화되었네요. 어른들이 장난을 싫어하는 이유를 알 것 같습니다.

이렇게 말이라는 것이 다양한 상상을 통해 만들어지고 또 시공간을 거치며 다듬어지고 변화됨을 알 수 있습니다.

89. 피장파장

 너나 나나 뭐 다를 게 있나? 이런 의미의 '피장파장'은 '상대와 내가 다를 게 없다'라는 의미입니다. 유사한 말로 '도긴개긴', '피차일반'도 떠오르고, 속담으로 '도토리 키재기' 또는 '그 나물에 그 밥'이란 표현들까지 떠오릅니다.
 여기서 '피장파장'은 맹자에 어원을 두고 있습니다. 彼丈夫我丈夫(피장부아장부)로 '그쪽이 장부면 나도 장부이다' 이런 뜻입니다. '그도 훌륭하지만 다 같은 사람이므로 나도 그렇게 될 수 있어!' 이런 뜻에서 온 말입니다. 원문을 좀 더 들여다보면, 彼丈夫也(피장부야) 我丈夫也(아장부야) 吾何畏彼哉(오하외피재)로 '저 사람도 장부(丈夫)이고 나도 장부(丈夫)인데 내가 어찌 저 사람을 두려워하겠습니까?' 이런 뜻으로 별 차이 없이 서로 맞설 수 있음을 뜻하는 말이 지금의 '피장파장'이 되었습니다. 사람이 타고난 것은 원래 비슷하니 노력만 하면 당연히 그렇게 훌륭하게 될 수 있음을 강조하는 깊은 가르침이었네요. 지금은 단순히 '너랑 나랑은 비슷하다, 마찬가지다' 이런 의미만 남게 되었습니다.

그렇다면 유사한 '도긴개긴'은 어떤 의미일까요? 이는 윷놀이에서 유래한 말입니다. 도긴은 한 끗 차이, 개긴은 두 끗 차이를 말하는데요, 앞서거니 뒤서거니 하는 모양으로 본질적으로는 비슷해서 큰 차이가 없음을 뜻합니다. 여기서 '긴'은 자기 말로 남의 말을 쫓아 잡을 수 있는 거리를 뜻하는 순우리말입니다.

 거대한 시공간의 흐름 속에서 우리 하나하나는 다 소중한 존재로 피장파장 도긴개긴이 아닐까 생각됩니다.

90. 차질(蹉跌)

 어떤 일을 진행하며 차질을 빚어 난감할 때가 많습니다. '계획에 차질이 생겼다, 공사가 차질 없이 진행되었다' 이런 표현을 많이 씁니다. 여기서 '차질'은 어떤 동작을 연상하게 할까요? '차질'은 발이 어긋나서 넘어지는 모습을 뜻합니다. 차질을 빚었다는 건 일이 틀어지거나 의도에서 벗어나게 된 것이죠. 낭패(狼狽)라고도 할 수 있습니다. 결국 계획이나 의도에서 벗어나 틀어지고 순조롭지 못한 상황을 뜻합니다.

 그럼 차질이란 말속에 어떤 의미가 담겨 있길래 지금의 뜻이 되었을까요?

 차질의 한자를 들여다보면 蹉跌(미끄러질 차, 거꾸러질 질)로 미끄러지고 거꾸러져 넘어진다는 뜻이네요. 두 한자 모두 足(발 족)이 들어가 발을 헛디뎌 넘어지는 모습입니다. 여기서 확장되어 진행하던 일이나 계획이 예상에서 벗어나고 순탄하지 못한 상태가 되어 일에 차질을 빚는다는 뜻이 되었습니다. 결국 어긋나고 넘어지니 문제가 발생할 수밖에 없는 상황에서 비롯된 말입니다.

어떤 문제는 사람의 손이나 발에서 시작되나 봅니다. 비슷한 의미의 단어인 '실족(失足)'도 있습니다. 발을 헛디딘다는 뜻으로 발의 중심을 잃고 넘어지면서 행동을 잘못함을 뜻합니다. 조심하지 아니함을 뜻하는 말인 실수(失手)와 유사합니다.

그럼 반대로 이런 표현 많이 들어 보셨죠? 공사에 차질이 없도록 '만전'을 기합시다. 여기서 만전(萬全 일만 만, 온전할 전)은 조금도 빠진 것이 없는 완전한 상태를 뜻합니다.

사람은 불완전한 존재로 실수하고 차질을 빚기 마련이지만 그 부족함을 극복해 나가는 과정이 곧 인생이라 생각됩니다.

사회와
경제를
반영하는 표현

91. 적자[赤字]·흑자[黑字]

 우리에게 익숙한 경제 용어인 '적자'와 '흑자'라는 단어가 있습니다. 적자는 마이너스, 흑자는 플러스로 쉽게 생각하면 되지만 이 말은 과연 어떤 상황 속에서 생겨난 말일까요?

 적자는 수입보다 지출이 더 커서 손해가 발생했음을 뜻하는데 여기에서 적자의 한자는 赤字(붉을 적, 글자 자)입니다. 적자는 붉은 글자라는 뜻으로 영어로는 'In the red'라고 합니다. 그럼 흑자는 지출보다 수입이 많아 이익이 발생했을 때를 말하죠. 듣기만 해도 기분 좋아지는 단어입니다. 여기서 흑자는 黑字(검을 흑, 글자 자)로 검은 글자를 뜻하는 말입니다. 그렇다면 붉은 글자와 검은 글자가 왜 손해와 이익을 뜻하는 단어가 되었을까요? 서양 중세시대로 거슬러 올라가 살펴보면 이 말이 생긴 배경을 알 수 있습니다.

 오래전 중세 시대에는 글을 쓰는데 필요한 잉크가 굉장히 비쌌다고 합니다. 이 고가의 잉크는 당연히 돈이 많아야 살 수 있었겠죠. 장사가 잘돼서 이익이 발생해야만 잉크를 살 여력이 생기고 장부에 기록을 할 수 있었고, 이런 배경에서 검정 잉크로 글을 쓸 수 있었던 상황을 '흑자'라고 표현했던 것입니다. 반대로 적자는 손해를 봐서 돈이 없는 상황이니 잉크를 사기 버거웠을 겁니다. 그래서 검정 잉크 대신 붉은 색의 동물의 피를 이용해서 장부를 작성했고, 붉은 글씨로 기록할 수밖에 없던 상황에서 '적자'라는 말이 생겨난 것입니다.

붉을 적(赤)을 언급하니 '적나라'라는 단어가 떠오릅니다. 실상이 적나라하게 드러났다. 이런 예를 들 수 있는데요. 赤裸裸(붉을 적, 벗을 라)한 것은 아무것도 걸치지 않은 발가벗은 상태라는 뜻으로, 있는 그대로 드러내 숨김이 없이 드러내는 상태를 말합니다.

오래전 장부의 붉은 글씨와 검정 글씨를 통해 경제적 상황이 적나라하게 드러남을 알게 됩니다.

92. 달러

　돈이라는 개념은 인간이 신뢰를 바탕으로 만든 하나의 효율적인 시스템이자 약속입니다. 우리나라는 원화(₩), 일본은 엔화(¥)를 사용하고, 유럽에서는 유로(€)를 중국에서는 위엔화(¥)를 씁니다. 세계 통화의 중심이 되는 미국 달러($) 화폐 단위는 그 기원이 미국일 거라 생각되는데, 사실 유럽 국가에서 통용되던 은화를 가리키던 용어였습니다. 우리는 '1달러'를 '1불' 이렇게도 표현합니다. 사실 1불, 100불 할 때의 이 '불'이 한자에서 왔다는 사실을 알고 계시나요? '불'은 어떤 의미를 품고 있길래 달러($)를 대신해 불이라고 읽게 되었을까요?

　달러를 표시하는 이 기호($)는 1785년에 채택되어 지금까지 익숙하게 쓰이고 있습니다. 그런데 한자 문화권에서 서양의 이 기호를 처음 접했을 때 이런 구불구불한 곡선의 기호가 얼마나 낯설고 불편했을까요? 우리가 쓰고 있는 한자를 자세히 살펴보면 삐침이나 가벼운 곡선은 있어도 영어의 S와 같은 곡선은 거의 없음을 알 수 있습니다. '달러'라는 꼬부랑 발음 또

한 입에 붙지 않았을 겁니다. 이런 상황에서 달러 기호와 아주 닮은 꼴의 한자를 발견하게 됩니다. 얼마나 반가웠을까요. 달러 기호($)와 닮은 한자가 바로 '불 弗(아닐 불)'이었던 것이죠. 의미와는 상관없이 단지 모양이 흡사한 이유로 달러 대신 쓰게 된 弗(아닐 불)! 이렇게 닮은 꼴의 한자와 달러를 연결하게 된 것입니다. 굴러가는 발음인 '달러'를 힘들게 발음하기보다 '불'이란 익숙한 발음이 말하기도 훨씬 편했을 겁니다.

말이라는 것이 쓰는 사람 입장에서 편해야 하잖아요. 서양에서 건너온 수많은 말들이 동양으로 들어오면서 자연스레 변화를 거쳐 지금의 말이 되었음을 알 수 있습니다.

특히 달러를 보고 弗(불)을 떠올리신 선조들의 눈썰미와 감각에 웃음이 지어지네요!

93. 각출(各出)·갹출(醵出)

'각출'과 '갹출'에는 어떤 차이점이 있을까요? 먼저 오늘의 주제어를 나누기 전에 난센스 문제를 하나 풀고 가도록 하겠습니다.

어떤 선비가 산길을 걸어가다 '뫼 산(山)자가 네 개 로다' 이렇게 말했다고 합니다. 과연 무슨 뜻으로 한 말일까요? 정답은 출출(出出)하다. 이 뜻이었습니다. 그 선비 센스 만점이죠? 사실 배고픈 느낌의 '출출'은 한자어는 아닙니다. 出(날 출)과 소리만 같을 뿐이네요.

대신 각출과 갹출에 이 出(날 출)이 들어갑니다. 우선 각출은 各出(각각 각, 날 출)로 '각각 내놓다' 이런 뜻입니다. 갹출은 각출과 유사한 듯하지만, 의미가 조금 다르고 또 한자도 다릅니다.

갹(醵 술잔치 갹)은 함께 술을 마시고 돈을 거두어 낸다는 뜻으로, 잔치나 행사 등 공동의 목적으로 쓴 비용을 여럿이 함께 얼마씩 돈을 나누어 낸다는 의미입니다. 고로 '갹출'과 '추렴'은 유사한 뜻인데요, 특정한 목적을 위해 금전적 부담을 분할 하는 것이 '갹출'의 큰 특징이 되겠습니다. 예를 들어 '세금이라는 형식으로 돈을 갹출해서 공공의 편익을 배분한다' 이런 의미로 '갹출'을 이해하시면 될 것 같습니다.

이와는 달리 '각출(各出)'에는 공동의 특정 목적보다는 그냥 각각의 사람이 자기 몫의 비용을 내는 걸 강조할 때 씁니다. 각출과 비슷한 뜻이 바로 더치페이(Dutch Pay)인데, 여기서 '더치'는 '네덜란드 사람'이란 뜻으로 네덜란드에서 유래한 말입니다. 오래전 네덜란드에서는 상대방을 초대해 식사를 정성껏 대접하는 문화가 깊었는데요. 17~18세기 경제적 어려움으로 대접의 부담이 커지자 대접하는 대신 각자 비용을 부담하게 되었고, 이렇게 더치페이의 문화가 세계적으로 퍼지게 된 것입니다.

갹출 하니 십시일반(十匙一飯)이 떠오릅니다. 밥 열 숟가락이면 한 공기의 밥이 만들어지듯, 여럿이 작은 정성을 모은다면 한 사람 돕는 것은 쉽다는 뜻이죠. 다시금 새겨 봅니다.

94. 월척(越尺)

 월척은 듣기만 해도 기분 좋아지는 단어인데요. 보통 낚시에서 큰 물고기를 낚았을 때 외치는 말입니다. 그렇다면, 수치적으로 본다면 과연 어느 정도 되는 물고기를 말하는 걸까요?

 우선 '월척(越尺 넘을 월, 자 척)'의 한자를 풀어보면 '척을 넘겼다' 이런 뜻이 될까요? 척(尺)은 길이를 재는 단위로 1척이 30.3센티미터 정도의 길이입니다. 예를 들어 '삼척동자(三尺童子)' 하면 키가 90센티미터정도인 어린아이를 뜻하는 말로 여기서의 '척'과 같죠. 오래전에는 정확한 길이를 잴 수 있는 도구가 없었기에 우리 몸을 기준 삼아 측정했는데 사람의 발에서 무릎까지의 길이 또는 보폭을 1척으로 삼았습니다. 고로 월척은 30센티미터가 넘는 물고기를 뜻하는 말이었네요.

 또 흔히 '내 코가 석 자' 이렇게 표현하는데요. 우리 속담과 꼭 맞는 성어가 있습니다. 바로 오비삼척(吾鼻三尺)입니다. 이는 내 코가 피노키오의 코처럼 90센티미터나 늘어났다는 뜻이 아니라, 내 콧물이 흘러 무릎까지 내려왔는데 그

길이가 무려 3척(90센티미터)이나 된다는 말입니다. 이런 상황이니 얼마나 다급하고 힘든 처지겠어요. 고로 남을 돌볼 겨를이 없는 급한 상황을 말할 때 바로 '내 코가 석자다(오비삼척)' 이렇게 언급하게 된 것입니다.

하나 더, 1척의 10분의 1이 3.03센티미터 정도를 뜻하는데 한자로는 寸(마디 촌)이고, 우리 말로 한 치, 두 치 이렇게 표현합니다. 치는 손가락 세 마디를 이용해 측정한 길이입니다. '한 치 앞도 못 본다' 또는 '한 치 앞도 알 수 없다' 이런 표현도 많이 쓰잖아요.

눈앞 3센티미터 앞도 알 수 없다는 뜻으로 복잡한 인생사 정말 예측하기 힘들다는 의미를 담고 있습니다.

95. 도수[徒手]치료

정형외과에 가면 물리 치료나 도수 치료를 받는데요. 물리(物理) 치료는 어떤 도구를 다스려 치료하는 것으로 기계적인 힘 또는 열이나 도구를 이용합니다. 도수 치료와 물리 치료는 통증을 완화시키고 운동성을 높여 준다는 공통점을 가지는데요. 과연 어떤 차이점이 있길래 '도수'라는 말을 썼을까요? 말의 의미가 궁금해집니다.

도수의 한자를 보면 손과 관련이 있는데 한자는 徒手(맨 도, 손 수)입니다. 도구가 아닌 의사 선생님의 손이나 신체 일부만을 이용해서 통증을 완화시키는 방법이란 뜻이고, 이러한 치료법이 바로 도수 치료입니다.

徒(도)의 가장 핵심은 '무리'라는 뜻입니다. '화랑도'나 교회의 '성도'라는 말을 통해 알 수 있듯 무리를 나타냅니다. 이 무리가 하인이나 일꾼을 지칭하기도 하였는데, 이들은 무엇보다 맨몸으로 일을 해야 할 때가 많았습니다. 여기서 맨손이나 맨발이란 뜻으로 확장이 되어 지금의 '도수 치료'라는 말에까지 쓰이게 된 것입니다. 예를 들어, '도보(徒步)로 5분밖에 걸리지 않는다' 이런 표현에서의 '도보'는 다른 교통수단을 이용하지 않고 맨발로 걸어서 가는 것을 뜻합니다. 그리고 맨발 맨손이 확장하여 '헛되다'라는 의미도 있습니다.

　무위도식(無爲徒食)은 하는 일이 없고 노력 없이 먹고 놀기만 하는 무능하고 게으른 사람을 뜻하고, 이와는 반대로 도로무익(徒勞無益)은 헛되이 애만 쓰고 이로움이 없음을 나타내는 성어입니다.

96. 안타(安打)

 야구 좋아하시나요? 다양한 야구 문화 속에서 익히 들었던 용어들은 어떤 의미를 품고 있는지 살펴보겠습니다.

 우선 야구(野球 들 야, 공 구)는 들에서 하는 공놀이란 뜻으로 野(들 야)가 들어가네요. 그리고 야구에서 홈런만큼이나 중요한 '안타'가 있죠. 공을 치는 타자(打者 칠 타, 놈 자)가 만들어 내는 '안타'는 어떤 의미일까요?

 안타는 타자가 안전하게 한 베이스에서 나아갈 수 있도록, 바꿔 말해 출루할 수 있도록 공을 치는 일이 되므로 安打(편안할 안, 칠 타)입니다. 그렇다면 출루에서 '루'는 무엇을 뜻하는 말일까요? 1루, 2루, 3루 할 때의 '루'인데요, 타자가 베이스로 나감을 뜻합니다. 여기서 '루'는 壘(보루 루)는 '최후의 보루' 할 때의 '보루'로 상대팀의 요새를 장악해 점수를 획득함을 뜻합니다. 고로 주자만루(走者滿壘)는 공격수가 모든 루에 가득 차 있어 점수를 눈앞에 두고 있는 상황을 뜻합니다. 그럼 '루'가 들어간 도루는 무엇일까요? 야구를 좋아하시는 분들은 다들 아시겠지만, 도루는 주자가 상대의 허술한 틈을 타서 다음 베이스까지 가는 일로 盜(도둑 도)가 들어가 '진영을 훔치다' 이런 뜻이었네요.

'병살'은 두 주자를 한꺼번에 아웃시켜서 '더블 플레이'라 하는데요. 併殺(아우를 병, 죽일 살)로 그 의미가 고스란히 들어가 있습니다. 삼진은 타자가 세 번의 스트라이크로 아웃 되는 일이고 한자는 三振(석 삼, 떨칠 진)입니다.

불꽃 튀는 승부의 세계에선 나를 알고 상대를 알아야 위태롭지 않겠죠. 손자병법에 나오는 유명한 명언인 '지피지기 백전불태(知彼知己 百戰不殆)'를 떠올려 봅니다.

97. 걸신[乞神]

 '걸신이 들렸다, 걸신스럽게 먹다' 이런 표현이 있는데요 '걸신'도 하나의 성어입니다. 걸신은 너무 굶주린 나머지 염치를 돌보지 않고 음식을 지나치게 먹거나 탐내는 그런 욕심을 뜻합니다. 걸신의 신은 바로 귀신(神)인데 어떤 귀신인지 느낌이 오시나요? '걸'은 乞(빌 걸)로 빌다, 구걸하다 이런 뜻입니다. 고로 걸신은 항상 배고픈 귀신이 되겠네요. 우리가 신을 생각하면 사람에게 화(禍)와 복(福)을 내려주는 신령스러운 귀신이 떠오르는데, 이렇게 빌어먹고 항상 굶주린 귀신인 '걸신'도 있다는 사실이 놀랍습니다.

 걸이 들어간 또 다른 성어 중에 우리가 흔히 쓰는 '애걸복걸'도 있습니다. 애걸복걸(哀乞伏乞 슬플 애, 빌 걸, 엎드릴 복, 빌걸)은 애걸(애처롭게 빎)과 복걸(엎드려 빎)이라는 두 한자어가 합해진 것으로, 소원 따위를 들어달라고 사정하면서 간절히 빌고 또 빈다는 뜻입니다. 성어는 아니지만 '안달복달'도 이어서 떠오릅니다. 몹시 속을 태우며 조급하게 볶아치는 일이란 뜻으로, '안달'은 속을 태우며 조급하게 구는 일이라는 뜻이지만 '복달'은 특별한 뜻 없이 안달과 운율을 맞추기 위해서 덧붙인 말의 조합이네요.

걸신을 언급하다 보니 뭐든 지나침보단 정도를 지키는 것이 중요하지 않나 하는 생각이 듭니다.

내가 누군가에게 뭔가를 구하고 내 욕심만 채우기보다는 다른 사람을 배려하고 베풀 수 있는 그런 넉넉한 마음이면 참 좋겠습니다.

98. 헹가래

축하 세리머니 중 '헹가래'가 있습니다. 기쁘고 좋은 일의 표현 방법으로 모두 힘을 합쳐 주인을 허공으로 번쩍 들어 올리는 동작이죠. 이 말의 어원을 보면 비어 있다는 뜻의 한자인 虛(빌 허)와 관련이 있습니다. 허(虛)는 호랑이와 언덕(虎 범 호 + 丘 언덕 구)의 조합인데 어떻게 비었다는 뜻이 되었을까요? 만약 언덕에 맹수인 호랑이 한 마리가 나타나면 어떻게 될까요? 상상이 되시죠? 모든 동물이 순식간에 사라지듯 숨을 겁니다. 이런 모습을 반영한 글자가 바로 虛(빌 허)입니다.

그렇다면 '헹가래'와 虛는 어떤 관계가 있을까요? 헹가래는 농사에 꼭 필요한 농기구의 하나인 '가래'라는 말에서 나왔습니다. 삽과 비슷하게 생겼지만 여러 사람이 힘을 모아 사용하는 도구로 삽보다 더 큽니다. 보통 가래 하나에 세 명이 한 조가 되어 일하지만, 때로는 그 크기에 따라 열 명이 한 팀이 되어 일할 때도 있답니다. 여러 사람이 동시에 하는 일이다 보니 무엇보다 호흡을 맞추는 것이 가장 중요했겠죠. 그래서 본격적으로 흙을 파기 전 예행연습처럼 한동안 서로 호흡을 맞추는 연습 동작이 필요했던 것입니다. 그런 모습을 한자 虛(빌 허)를 붙여서 '헛(虛)가래'라고 했답니다. 헛가래 → 헌가래 → 헨가래 → '헹가래' 이렇게 조금씩 변화를 거쳐 지금의 헹가래가 된 것이죠. 축하 세리머니인 헹가래는 아마도 가래를 붙잡고 여러 명이 헛가래질을 하는 동작과 비슷했기 때문에 여기서 닮은 점을 발견하고 연결해 지금의 '헹가래'로 자연스레 쓰게 되었던 것 같습니다.

무엇보다 헹가래를 할 때, 축하받는 사람이 다치지 않게 힘을 제대로 모아야 한다는 사실을 잊지 말아야겠습니다.

99. 선풍(旋風)적

  '선풍적인 인기' 하면 뭐가 떠오르시나요? 한동안 우리나라의 불닭볶음면이 국내뿐만 아니라 세계적으로 선풍적인 인기를 끈 것이 가장 먼저 떠올랐습니다. 아이돌 그룹 BTS를 필두로 케이팝과 케이컬쳐에 이어 케이푸드까지 전 세계에 우리의 힘을 보여 주는 것 같아 참 뿌듯합니다.

  그렇다면 여기서의 '선풍'은 어떠한 의미일까요? 선풍 하니까 한여름의 필수품인 선풍기도 떠오르는데, 한글이 같다고 같은 의미일까요?

  우선 선풍기(扇風機 부채 선, 바람 풍, 기계 기)는 한자 뜻 그대로 풀이하면 부채질해 주는 기계니 딱 맞습니다. 그 옛날 더위를 가시게 하는 도구에는 부채 만한 것이 없었죠.

  그렇다면 '선풍적'은 어떻게 다를까요? 똑같이 風(바람 풍)이 들어가지만 여기서의 '선'은 旋(돌 선)으로 회전한다는 의미를 갖습니다. 고로 '선풍적'은 회오리바람처럼 어떤 일이나 사건이 돌발적으로 일어나 세상을 뒤흔들 만큼 사회에 큰 영향을 미치는 대상이나 사건을 비유적으로 이르는 말입니다. '돌풍을 일으키다'도 유사한 표현이 되겠네요.

또 旋(돌 선)하면 나선형, 선율 등의 단어도 떠오르지만 무엇보다 '개선문'이 떠오릅니다. 개선문(凱旋門 이길 개, 돌 선, 문 문)은 전쟁에서 이기고 돌아온 군사를 환영하고 기념하기 위해 세운 건축물이고, 적과의 싸움에서 이기고 돌아온 장군을 개선 장군이라고 하잖아요. 이렇듯 개선에는 '이기고 돌아오다'라는 뜻이 있습니다. 우리가 익히 아는 勝(이길 승)대신 凱(이길 개)를 품고 있었네요.

케이컬쳐의 돌풍이 이어지고 세계 속에서 우리의 저력이 빛나길 희망합니다.

100. 진부[陳腐]·신진대사 [新陳代謝]

 낡고 케케묵거나 고리타분한 것을 한마디로 '진부하다'라고 표현할 수 있는데, '진부'는 陳腐(묵을 진, 썩을 부)는 오래 묵어 썩었다는 뜻으로 보통 사상이나 표현, 행동 따위가 구태의연해서 새롭지 못할 때 '진부하다'고 표현합니다. 여기서 腐(썩을 부)에는 관청(府)과 고기(肉)의 의미가 들어있습니다. 관청에 있는 고기를 왜 썩었다고 표현하는 것일까요? 보통의 고기야 정말 귀하고 맛난 음식이 되겠지만, 관청에서 은밀히 주고받는 고기는 바로 뇌물이 되었던 것이죠. 과거엔 뇌물수수(賂物授受)가 빈번하게 이루어졌습니다. 특히 공정해야 하는 관청에서 뇌물이 오가는 상황을 보고 이렇게 썩었다고 표현한 것입니다. 이렇듯 글자 하나에 당시의 모습과 비판적인 시각이 담겨 있습니다.

 陳(묵을 진)을 떠올리면 생각나는 단어가 또 하나 있습니다. 바로 신진대사입니다. 건강을 언급할 때 '신진대사'가 활발해야 한다는 이야기를 자주 듣게 됩니다. 영양분을 흡수해 우리 몸에 필요한 에너지를 만들고 불필요한 물질을 몸 밖으로 내보내는 작용이 '신진대사'인데, 한자는 新陳代謝(새로울 신, 묵을 진, 대신할 대, 사례할 사)로 '신진'은 묵은 것을 새로운 것으로 바꾸고, '대사'는 시든 것을 싱싱한 것으로 대신한다는 뜻입니다. 원활한 신진대사 활동으로 낡은 것을 새로운 것으로 대체해 건강한 몸을 유지하는 것이 무엇보다 중요할 것입니다.

생각과 행동이 진부하지 않도록 새로움을 받아들이는 유연한 자세가 급변하는 세상에 필수라 생각됩니다. 건강을 위해 유연한 몸도 필수죠!

101. 요기(療飢)·감질(疳疾)

 배고픔이나 시장기를 면하는 정도의 간단한 식사를 '요기하다'라고 하죠. 과연 어떤 한자이기에 이런 뜻이 되었는지 궁금해집니다.

 '요기'의 '요'는 '치료' 또는 '진료'의 療(치료 료)이고, '기'는 飢(배고플 기)로 요기의 한자를 풀이하면 '배고픔을 치료하다' 이런 뜻이 됩니다. 지금은 먹을 것이 넘쳐 나고 풍족한 시대로 배고픔을 느낄 새도 없지만, 과거에는 이 배고픔이 곧 괴로움이자 아픔이었을 것입니다. 그 아픔을 일시적으로 치료하여 시장기를 면하는 것이 바로 '요기하다'가 되는 것이죠.

 주문 배달 앱 서비스인 '요기요'라는 말을 많이 들어보셨죠? '요기'를 해결하려면 요기에서 주문하라. 이런 센스 넘치는 뜻이 아닐까 생각합니다.

 요기를 언급하다 보니 '감질나다' 이 말도 덩달아 궁금해집니다.

 뭔가 줄 듯 말 듯, 맛을 보는 듯 안 보는 듯, 이렇게 바라는 것에 못 미쳐서 애가 탈 때 우린 '감질나다' 이렇게 표현하는데요, 감질은 놀랍게도 질병의 일종입니다. 감질(疳疾 감질 감, 병 질)은 '감병'이라고도 하는데, 수유하거나 음식 조절을 잘 못 하는 어린아이들에게 생기는 병이었습니다. 지금은 아이의 성장 단계에 맞게 잘 먹일 수 있지만, 과거엔 먹을 것이 부족했을 뿐 아니라 거친 음식을 소화해야 했기에 아이들에겐 너무 버거웠을 테고 이런 병에 자주 걸렸다고 합니다.

동의보감에선 감(疳)이란 모든 기혈이 허약해져 오장육부가 손상된 것이라고 말합니다. 감병에 걸리면 소화가 안 되기에 먹고 싶어도 먹지 못해 더 애가 타게 되는 것입니다. 이렇듯 '감질나다'는 그 욕구를 충족시키지 못해 애를 태우다 이런 의미로 쓰이고 있습니다.

뭔가에 결핍을 느껴야 그것에 대한 소중함을 느끼게 되죠. 그러나 결핍이 결핍되고 모든 것이 풍족한 이 시대에는, 혹 감사와 행복이 멀게만 느껴진다면 그 이유를 잘 살펴봐야겠습니다.

102. 인색[吝嗇]

'인색'이란 단어를 떠올리면 자연스레 구두쇠 스크루지 영감이 생각나시나요? 인색함은 넉넉함과는 상반된 느낌으로 아끼는 정도가 지나치거나 마음 씀씀이가 너무 박(薄 엷을 박)할 때를 말하죠.

한자는 吝嗇(아낄 린, 아낄 색)으로 '아끼다'라는 의미를 품고 있습니다. 사실 처음부터 '인색'의 의미가 구두쇠는 아니었습니다. 원래는 곡식을 소중히 여기고 아끼는 그런 사람을 뜻했죠. 먹거리가 턱없이 부족했던 옛날엔 아끼는 것이 너무나 당연했기에 농부를 다른 말로 색부(嗇夫)라고도 불렀다 합니다. 嗇이라는 한자를 들여다보면 식량을 대표하는 보리(麥)와 거둬들인 곡식의 낭비나 도난을 방지하기 위한 이중 곳간(回)이란 의미의 결합 되었는데, 그 함축적 의미에 고개가 끄덕여집니다.

그런데 원래 '아끼다'의 의미가 왜 지금의 인색이란 뜻이 되었을까요? 아마도 가진 자들이나 위정자들이 자신만을 위해서 쓰려고 움켜쥐던 모습이 반영되면서 이렇게 변하지 않았나 생각됩니다.

구두쇠와 유사한 뜻의 '수전노'는 돈을 모을 줄만 알지 도무지 쓰지 않는 사람을 말합니다. 한자는 守錢奴(지킬 수, 돈 전, 종 노)로 이미 돈의 노예가 된 사람을 뜻하는 듯 합니다. 수전노는 아마 전가통신(錢可通神)이란 성어를 강하게 품고 있는 사람일지도 모르겠습니다. '돈은 귀신과도 통할 수 있다' 이런 뜻으로 돈의 엄청난 위력을 말합니다.

현대 사회에서 돈은 너무나 중요합니다. 그러나 그 돈이 단지 나만을 위해 쓰이기보단 그 누군가를 위해 가치 있고 풍성하게 쓰인다면 얼마나 더 뿌듯할까요? 돈으로 살 수 없는 것들도 많음을 수전노도 알았으면 좋겠습니다.

103. 일목요연[一目瞭然]

 일목요연하게 정리가 되면 좀 더 쉽게 이해할 수 있는데요, '일목요연'은 정확히 어떤 의미를 품고 있을까요?

 우리가 살면서 생각이 뒤죽박죽 엉길 때도 많고 자료나 글이 복잡해서 이해하기 힘들 때가 많죠. 이럴 때 '일목요연'하고 깔끔한 정리가 이해하는 데 큰 도움이 됨은 물론 정리를 잘하는 것은 하나의 능력이 됩니다.

 일목요연하게 정리하려면 우선 전달하고자 하는 것이 뚜렷하고 명료해서 한눈에 알아보기 쉽게 잘 나열되어 있어야 합니다. 한자는 一目瞭然(한 일, 눈 목, 밝을 료, 그럴 연)으로 '한 번 보고 환하게 알 수 있을 만큼 명료하다' 이런 뜻이 됩니다.

 여기서 目(눈 목)을 조금 깊이 들여다보면, 目은 사람의 눈동자와 흰자위를 그대로 본뜬 글자로 원래는 가로의 모양이지만 한자를 세워 쓰는 방식이 적용되면서 지금과 같은 세로 형태가 되었습니다.

 目에는 다양한 뜻이 내포되어 있어 '보다'의

뜻 이외에 견해나 안목, 그리고 목록 등으로 확장되었는데요. 그렇다면 인간의 눈과 다른 동물의 눈의 가장 큰 차이점을 무엇일까요? 바로 흰자위의 크기입니다. 인간의 흰자위는 유독 넓은데요. 오랜 수렵과 채집의 기간을 거치며 시선을 통해 협력하고 눈동자로 소통하는 능력이 매우 중요했습니다. 고로 눈이 언어를 보조하는 의사소통의 도구이자 소통 창구가 된 것입니다. 너무나 당연하게 생각한 우리 눈의 흰자위가 정말 큰 역할을 하고 있었네요. 그래서 눈은 마음의 창으로 비유되나 봅니다.

하나 더! 우리는 책을 읽기 전에 제목(題目)이나 목차(目次)를 보고 내용을 유추하는데요. 여기서 목(目)은 눈치로 상대를 파악하듯 전체의 맥락과 구조를 한눈에 파악하고 유추하는 역할로 볼 수 있겠습니다.

104. 전형 [銓衡]

 무심코 쓴 이 말. 서류 전형, 입시 전형, 실기 전형 등에서 쓴 '전형'이라는 말속에는 어떤 의미가 담겨 있길래 사람의 능력이나 자질을 심사하여 뽑는다는 뜻을 품게 되었을까요?

 '전형'은 본래 저울을 의미하였습니다. 한자의 뜻을 살펴보면 전형은(銓衡 저울 전, 저울 형)으로 두 물건을 저울질하는 모습이 연상됩니다. 이런 저울의 의미가 확대되어 나중에는 사람의 됨됨이나 재능을 저울질하듯 시험(試驗)하는 것을 비유하게 된 것이죠. 이렇듯 '전형'은 어떤 과정들을 통해 사람을 평가하거나 선발함을 뜻하는 말이 되었습니다. 말이 품고 있는 한자 의미를 통해 누구를 뽑을지 어떤 사람이 적합할지 고민하며 저울질하는 모습을 자연스럽게 상상할 수 있겠네요.

 '전형'은 오래전부터 관료를 선발하는 시험이라는 뜻에서 비롯된 말입니다. 신하들의 자질을 평가하고 고른다는 뜻으로, 나라의 중요한 역할을 담당할 훌륭한 인재를 선발하는 기준이자 과정이 바로 '전형'이었던 것입니다. 조선 시대에는 6판서 중 하나로 인사를 담당하는 자리를 이조판서라고 하였는데요, 다른 말로 저울 전이 들어간 전조(銓曹)라고도 하였답니다. 모든 문관 인사권을 가진다는 점에서 권력이 막강할 수밖에 없었는데요, 지금의 국무총리산하 인사혁신처장급 정도 되겠네요.

이조판서 자리에 충신이 앉느냐 간신이 앉느냐에 따라 나라의 인사는 달라지고 역사의 결과가 변함을 알게 됩니다.

'의심스러운 사람은 쓰지 말고, 쓴다면 의심하지 말아라'라는 〈金史〉의 한 구절이 떠오릅니다.

105. 분식회계(粉飾會計)

　보통 뉴스에서 접할 수 있는 '분식회계'라는 말이 잘 와닿지 않습니다. 우선 '분식'하니까 우리가 즐겨 먹는 라면, 떡볶이 등 밀가루로 만든 음식이 생각나시나요? 하지만 이 말이 음식을 뜻하지는 않을 테죠. 그렇다면 '분식회계'라는 말속의 '분식'은 어떤 의미를 품고 있을까요?

　'분식' 하면 粉飾(가루 분, 꾸밀 식)과 扮飾(꾸밀 분, 꾸밀 식)이 있습니다. 둘다 '꾸민다'라는 공통점이 있지만 의미가 좀 다릅니다. 전자는 실제보다 좋게 보이도록 거짓으로 꾸민다는 뜻이고, 후자는 그야말로 몸단장해서 예쁘게 보이고자 치장한다는 뜻이 담겨있습니다.

　'분식회계(粉飾會計)'에는 전자인 '거짓으로 꾸민다'의 뜻이 내포되어 있어서, 기업이 실제보다 성과를 좋게 만들기 위해 회계 장부를 고의로 조작하는 행위를 말합니다. 한자 의미 자체만 보면 '분칠하여 꾸민다'로 조금 완곡한 표현인 것 같은데, '분식회계'보다는 '부정회계' 또는 '사기회계'로 표현하는 것이 더 적절하지 않을까 하는 생각도 듭니다.

'분식회계' 하니까 남을 속인다는 뜻의 '사기'라는 단어가 떠오릅니다. 사기는 둘 다 '속이다'란 뜻입니다. 詐(속일 사)는 누군가를 속이기 위해 말을 만들어 낸다는 뜻이고, 欺(속일 기)는 거짓된 정보를 떠벌리는 모습을 담고 있습니다.

목적 달성을 위해 수단과 방법을 가리지 않는 온갖 꾀를 뜻하는 '권모술수(權謀術數)' 이 성어도 떠오르는데요, 프랑스 철학자 몽테뉴는 이렇게 일침을 줍니다. '탐욕은 일체를 얻고자 욕심내게 하여 도리어 모든 것을 잃어버리게 만든다.'

한자 난센스 퀴즈

1. 세상의 모든 아들을 잠들게 하는 한자는?
2. 옷을 모두 벗은 남자를 그린 그림을? (4글자)
3. 죽치고 마주 앉아 고스톱 치는 친구를?
4. 사람들이 가장 좋아하는 영화는?
5. 九十九(99)를 한 글자의 한자로 나타낸다면?
6. 안 간다고 해도 자꾸 올 건지를 묻는 말은?
7. 말 못 하게 하는 말은?
8. 낯선 사람이 서로 해병대였다는 사실을 알고 물어보는 말은? (1글자)
9. 과소비가 심한 동물은?
10. 오래될수록 젊어지는 것은?

정답

1. 子(아들 자)
2. 전라남도(全裸男圖 온전할 전, 벗을 라, 남자 남, 그림 도)
3. 죽마고우(竹馬故友 대나무 죽, 말 마, 옛 고, 벗 우)
4. 부귀영화(富貴榮華 부유할 부, 귀할 귀, 영화 영, 빛날 화)
5. 白(百 일백 백에서 一 한 일을 빼면=白)
6. 來(올 래?)
7. 馬(말 마)
8. 幾(몇 기?)
9. 사자(獅子 사자 사, 아들 자)
10. 사진(寫眞)